El libro de cocina Albañil Tarro

Descubra la conveniencia y la versatilidad de las comidas en tarro Albañil con más de 100 recetas deliciosas

Pedro Morales

Derechos de Autor Material © 2023

Reservados todos los derechos

Sin el debido consentimiento por escrito del editor y del propietario de los derechos de autor, este libro no se puede utilizar ni distribuir de ninguna manera, forma o forma, excepto en breves citas utilizadas en una reseña. Este libro no debe considerarse un sustituto del asesoramiento médico, legal o profesional.

TABLA DE CONTENIDO

TABLA DE CONTENIDO 3
INTRODUCCIÓN 7
DESAYUNO DE TARRO DE ALBAÑIL 8
   1. Postres de chía en tarro de masón 9
   2. Pudín de chía y lima arcoíris 11
   3. Pudín tropical de coco y chía 13
   4. Parfait de bayas para el desayuno 15
ALBAÑIL TARRO PRINCIPALES 17
   5. Sopa de pollo y ramen en un tarro de albañil 18
   6. Boloñesa a la boloñesa 20
   7. Lasaña en tarro de albañil 23
   8. Tazones de cereales con remolacha y coles de Bruselas 26
   9. Ensalada de brócoli en tarro de albañil 29
   10. Ensalada de pollo en tarro de albañil 31
   11. Ensalada china de pollo en tarro de albañil 33
   12. Ensalada niçoise en tarro de albañil 35
   13. Ensalada de tarro de albañil muy verde 37
SALSAS Y CALDO ALBAÑIL TARRO 39
   14. Salsa Chimichurri 40
   15. Caldo de hueso de res 42
   16. Mermelada de daiquirí de kiwi 44
   17. Olla De Cocimiento Dulce De Leche 46
   18. Salsa picante estilo Luisiana 48
   19. Chimichurri verde 50
   20. Salsa de ají amarillo 52

21. Salsa de chile verde con ajo 54

22. Salsa picante de chipotle 56

23. Ají picante 58

24. vinagre de manzana 61

25. vinagre de piña 64

VERDURAS EN TARRO DE ALBAÑIL 66

26. Encurtidos con eneldo 67

27. Chucrut 70

28. Encurtidos de pan con mantequilla 72

29. Encurtidos con eneldo 74

30. Pepinillos dulces encurtidos 76

31. Encurtidos dulces de 14 días 78

32. Encurtidos dulces rápidos 80

33. Espárragos en escabeche 82

34. Frijoles encurtidos 84

35. Ensalada de tres frijoles en escabeche 86

36. Remolachas en escabeche 88

37. Zanahorias en escabeche 90

38. Coliflor encurtida/Bruselas 92

39. Ensalada de chayote y jícama 94

40. Jícama en escabeche de pan con mantequilla 96

41. Champiñones enteros marinados 98

42. Okra en escabeche con eneldo 100

43. Cebollitas perla en escabeche 102

44. pimientos marinados 104

45. pimientos morrones en escabeche 107

46. pimientos picantes en escabeche 109

47. Aros de chile jalapeño en escabeche 112

48. Aros de pimiento amarillo en escabeche 115

49. Tomates verdes dulces en escabeche 117

50. Verduras mixtas en escabeche 119

51. Calabacines encurtidos con pan y mantequilla 121

52. Salsa de chayote y pera 123

53. Piccalilli 125

54. condimento de pepinillos 127

55. Condimento de maíz en escabeche 129

56. Salsa de tomate verde en escabeche 131

57. Salsa de rábano picante en escabeche 133

58. Condimento de pimiento y cebolla en escabeche 135

59. Condimento picante de jícama 137

60. Condimento picante de tomatillo 139

61. Remolacha en escabeche sin azúcar añadido 141

62. pepino encurtido dulce 143

63. Encurtidos De Eneldo En Rodajas 145

64. Encurtidos dulces en rodajas 147

65. Chucrut con limón y eneldo 149

66. Kimchi chino 151

67. Palitos de zanahoria fermentados 153

68. Zanahorias con un toque indio 155

69. Bombas de rábano 157

POSTRE DE TARRO DE ALBAÑIL 159

70. Trifles de huevo Cadbury 160

71. Parfait crudo con leche de espirulina 162

72. Avena para tarta de queso con arándanos y limón 164

73. Pudín de lino y lima 166

74. Tarta de Quesos individuales de lima y lima 168

75. Cuajada de coco y frambuesa 171

76. Crema con Almendra y Chocolate 173

77. Natillas festivas clásicas 175
78. Crema de chocolate 177
79. Tzatziki 179
80. Salsa cremosa de cebolla francesa 181
81. Ensalada verde con melocotones y queso cheddar 183
82. Queso crema de coco 185
83. Crepes de pera con queso de macadamia 187
84. Sándwiches de helado de galleta de jengibre 190
85. Helado de vainilla cultivado 192
86. Helado De Pastel De Calabaza 194
87. Helado de cereza negra 196
88. Pastel de queso con crema de naranja 198
89. Tarta de Queso de granada 200
90. Pastel de queso con moras 203
91. Duraznos dulces de vainilla 206

BEBIDAS EN TARRORAS DE ALBAÑIL 208
92. Refrigerador de limón y pepino 209
93. Kéfir vegano 211
94. Kombucha de té negro 213
95. Kombucha de té rojo africano 216
96. Bloody Mary cultivado 219
97. Té helado de durazno 221
98. Sandía Agua Fresca 223
99. Limonada De Arándanos 225
100. Mango Lassi 227

CONCLUSIÓN 229

INTRODUCCIÓN

¡Bienvenido al maravilloso mundo de los tarros de albañil! Estos frascos versátiles no son solo para almacenar alimentos o conservar frutas y verduras. De hecho, se pueden usar para crear una amplia gama de deliciosas recetas que son convenientes y saludables. Ya sea que esté buscando preparar comidas, empacar un almuerzo o hacer un postre, los tarros de albañil son la solución perfecta.

Este libro de cocina presenta más de 100 recetas creativas y fáciles de seguir que se pueden hacer en tarros de albañil. Desde el desayuno hasta la cena, pasando por meriendas y postres, hay una receta para cada ocasión. ¡Además, usar tarros de albañil significa menos desperdicio y una limpieza más fácil!

Descubra las alegrías de superponer ingredientes para crear ensaladas y tazones de cereales visualmente deslumbrantes, o prepare un lote de avena durante la noche para un desayuno sin esfuerzo. Y no nos olvidemos de las infinitas posibilidades de postres, como porciones individuales de Tarta de Queso o brownies.

Con este libro de cocina, aprenderá los entresijos del uso de tarros de albañil para cocinar y preparar comidas. Tanto si es un profesional experimentado como si es nuevo en el mundo de los tarros de albañil, encontrará mucha inspiración e ideas para comidas deliciosas y saludables.

DESAYUNO DE TARRO DE ALBAÑIL

1. <u>**Budines de chía en tarro de masón**</u>

Ingredientes
- 1 ¼ tazas de leche al 2%
- 1 taza de yogur griego natural al 2%
- ½ taza de semillas de chía
- 2 cucharadas de miel
- 2 cucharadas de azúcar
- 1 cucharada de ralladura de naranja
- 2 cucharaditas de extracto de vainilla
- ¾ taza de naranjas en gajos
- ¾ taza de mandarinas segmentadas
- ½ taza de toronja segmentada

Direcciones

a) En un tazón grande, mezcle la leche, el yogur griego, las semillas de chía, la miel, el azúcar, la ralladura de naranja, la vainilla y la sal hasta que estén bien combinados.

b) Divida la mezcla de manera uniforme en cuatro tarros de albañil (16 onzas). Refrigere durante la noche, o hasta 5 días.

c) Sirva frío, cubierto con naranjas, mandarinas y toronjas.

2. Pudín de chía y lima arcoíris

Ingredientes
- 1 ¼ tazas de leche al 2%
- 1 taza de yogur griego natural al 2%
- ½ taza de semillas de chía
- 2 cucharadas de miel
- 2 cucharadas de azúcar
- 2 cucharaditas de ralladura de limón
- 2 cucharadas de jugo de lima recién exprimido
- 1 cucharadita de extracto de vainilla
- 1 taza de fresas y arándanos picados
- ½ taza de mango en cubitos y ½ taza de kiwi en cubitos

Direcciones

a) En un tazón grande, mezcle la leche, el yogur, las semillas de chía, la miel, el azúcar, la ralladura de lima, el jugo de lima, la vainilla y la sal hasta que estén bien combinados.

b) Divida la mezcla de manera uniforme en cuatro tarros de albañil (16 onzas). Cubra y refrigere durante la noche, o hasta 5 días.

c) Sirva frío, cubierto con fresas, mango, kiwi y arándanos.

3. Pudín de chía y coco tropical

Ingredientes
- 1 lata (13.5 onzas) de leche de coco
- 1 taza de yogur griego natural al 2%
- ½ taza de semillas de chía
- 2 cucharadas de miel
- 2 cucharadas de azúcar
- 1 cucharadita de extracto de vainilla
- pizca de sal kosher
- 1 taza de mango picado
- 1 taza de piña cortada en cubitos
- 2 cucharadas de coco rallado

Direcciones

a) En un tazón grande, mezcle la leche de coco, el yogur, las semillas de chía, la miel, el azúcar, la vainilla y la sal hasta que estén bien combinados.

b) Divida la mezcla de manera uniforme en cuatro tarros de albañil (16 onzas). Cubra y refrigere durante la noche, o hasta 5 días.

c) Sirva frío, cubierto con mango y piña y espolvoreado con coco.

4. **Parfait de bayas para el desayuno**

Hace: 4

INGREDIENTES:
- 1½ tazas de yogur natural bajo en grasa
- 3 cucharadas de miel
- 1½ tazas de cereal muesli para el desayuno o granola baja en sodio y grasa
- 1½ tazas de bayas frescas mixtas

INSTRUCCIONES:
a) Coloque 4 vasos de parfait, tarros de albañil de 8 onzas u otros vasos de 8 onzas.
b) En un tazón pequeño, combine el yogur y la miel y revuelva para mezclar bien.
c) Vierta 2 cucharadas de la mezcla de yogur en el fondo de cada vaso o frasco. Cubra con 2 cucharadas de cereal y luego 2 cucharadas de fruta. Repita hasta que se hayan utilizado todos los ingredientes.
d) Sirva inmediatamente o cubra y refrigere los postres helados hasta por 2 horas.

ALBAÑIL TARRO PRINCIPALES

5. Sopa de pollo y ramen en tarro de albañil

Ingredientes
- 2 paquetes (5.6 onzas) de fideos yakisoba refrigerados
- 2 ½ cucharadas de concentrado base de caldo de verduras reducido en sodio (nos gusta Better Than Bouillon)
- 1 ½ cucharadas de salsa de soja reducida en sodio
- 1 cucharada de vinagre de vino de arroz
- 1 cucharada de jengibre recién rallado
- 2 cucharaditas de sambal oelek (pasta de chile fresco molido), o más al gusto
- 2 cucharaditas de aceite de sésamo
- 2 tazas de pollo asado desmenuzado sobrante
- 3 tazas de espinacas tiernas
- 2 zanahorias, peladas y ralladas
- 1 taza de hongos shiitake rebanados
- ½ taza de hojas de cilantro fresco
- 2 cebollas verdes, en rodajas finas
- 1 cucharadita de semillas de sésamo

Direcciones

a) En una olla grande con agua hirviendo, cocine el yakisoba hasta que se suelte, de 1 a 2 minutos; escurrir bien.

b) En un tazón pequeño, combine la base de caldo, la salsa de soja, el vinagre, el jengibre, el sambal oelek y el aceite de sésamo.

c) Divida la mezcla de caldo en 4 frascos de vidrio de boca ancha (24 onzas) con tapas u otros recipientes resistentes al calor. Cubra con yakisoba, pollo, espinacas, zanahorias, champiñones, cilantro, cebollas verdes y semillas de sésamo. Cubra y refrigere por hasta 4 días.

d) Para servir, destape un frasco y agregue suficiente agua caliente para cubrir el contenido, aproximadamente 1 ¼ tazas. Cocine en el microondas, sin tapar, hasta que se caliente por completo, de 2 a 3 minutos. Deje reposar 5 minutos, revuelva para combinar y sirva de inmediato.

6. Boloñesa a la boloñesa

Ingredientes
- 2 cucharadas de aceite de oliva
- 1 libra de carne molida
- 1 libra de salchicha italiana, sin tripas
- 1 cebolla picada
- 4 dientes de ajo, picados
- 3 latas (14.5 onzas) de tomates cortados en cubitos, escurridos
- 2 latas (15 onzas) de salsa de tomate
- 3 hojas de laurel
- 1 cucharadita de orégano seco
- 1 cucharadita de albahaca seca
- ½ cucharadita de tomillo seco
- 1 cucharadita de sal kosher
- ½ cucharadita de pimienta negra recién molida
- 2 paquetes (16 onzas) de queso mozzarella reducido en grasa, en cubos
- 32 onzas de fusilli de trigo integral crudo, cocinado según las instrucciones del paquete; unas 16 tazas cocidas

Direcciones

a) Caliente el aceite de oliva en una sartén grande a fuego medio-alto. Agregue la carne molida, la salchicha, la cebolla y el ajo. Cocine hasta que se dore, de 5 a 7 minutos, asegurándose de desmenuzar la carne y la salchicha mientras se cocina; drenar el exceso de grasa.

b) Transfiera la mezcla de carne molida a una olla de cocción lenta de 6 cuartos. Agregue los tomates, la salsa de tomate, las hojas de laurel, el orégano, la albahaca, el tomillo, la sal y la pimienta. Tape y cocine a fuego lento durante 7 horas y 45 minutos.
Retire la tapa y gire la olla de cocción lenta a temperatura alta. Continúe cocinando durante 15 minutos, hasta que la salsa se haya espesado. Deseche las hojas de laurel y deje que la salsa se enfríe por completo.

c) Divida la salsa en 16 frascos de vidrio de boca ancha (24 onzas) con tapas u otros recipientes resistentes al calor. Cubra con mozzarella y fusilli. Refrigere hasta por 4 días.

d) Para servir, cocine en el microondas, sin tapar, hasta que se caliente por completo, aproximadamente 2 minutos. Revuelve para combinar.

7. Lasaña en tarro de albañil

Ingredientes
- 3 fideos de lasaña
- 1 cucharada de aceite de oliva
- ½ libra de solomillo molido
- 1 cebolla, picada
- 2 dientes de ajo, picados
- 3 cucharadas de pasta de tomate
- 1 cucharadita de condimento italiano
- 2 latas (14.5 onzas) de tomates cortados en cubitos
- 1 calabacín mediano, rallado
- 1 zanahoria grande, rallada
- 2 tazas de espinacas tiernas ralladas
- Sal kosher y pimienta negra recién molida, al gusto
- 1 taza de queso ricotta parcialmente descremado
- 1 taza de queso mozzarella rallado, dividido
- 2 cucharadas de hojas de albahaca fresca picada

Direcciones

a) En una olla grande con agua hirviendo con sal, cocina la pasta según las instrucciones del paquete; escurrir bien. Corta cada fideo en 4 pedazos; deTarro de lado.
b) Caliente el aceite de oliva en una sartén grande o en un horno holandés a fuego medio-alto. Agregue el solomillo molido y la cebolla y cocine hasta que se doren, de 3 a 5 minutos, asegurándose de desmenuzar la carne mientras se cocina; drenar el exceso de grasa.
c) Agregue el ajo, la pasta de tomate y el condimento italiano y cocine hasta que esté fragante, de 1 a 2 minutos. Agregue los tomates, reduzca el fuego y cocine a fuego lento hasta que espese un poco, de 5 a 6 minutos. Agregue el calabacín, la zanahoria y la espinaca y cocine, revolviendo con frecuencia, hasta que estén tiernos, de 2 a 3 minutos. Sazone con sal y pimienta al gusto. Ponga la salsa a un lado.
d) En un tazón pequeño, combine la ricotta, ½ taza de mozzarella y la albahaca; sazona con sal y pimienta al gusto
e) Precaliente el horno a 375 grados F. Engrase ligeramente 4 frascos de vidrio de boca ancha (16 onzas) con tapas u otros recipientes aptos para horno, o cubra con spray antiadherente.
f) Coloque 1 pieza de pasta en cada frasco. Divide un tercio de la salsa en los frascos. Repita con una segunda capa de pasta y salsa. Cubra con la mezcla de ricota, la pasta restante y la salsa restante. Espolvorea con la ½ taza restante de queso mozzarella.
g) Coloque los frascos en una bandeja para hornear. Coloque en el horno y hornee hasta que burbujee, de 25 a 30 minutos; enfriar completamente. Refrigere hasta por 4 días.

8. **Tazones de fuente de grano de col de bruselas y remolacha de tarro de albañil**

Ingredientes
- 3 remolachas medianas (alrededor de 1 libra)
- 1 cucharada de aceite de oliva
- Sal kosher y pimienta negra recién molida, al gusto
- 1 taza de farro
- 4 tazas de espinacas tiernas o col rizada
- 2 tazas de coles de Bruselas (alrededor de 8 onzas), en rodajas finas
- 3 clementinas, peladas y segmentadas
- ½ taza de pecanas, tostadas
- ½ taza de semillas de granada

Vinagreta de vino tinto miel-Dijon
- ¼ taza de aceite de oliva virgen extra
- 2 cucharadas de vinagre de vino tinto
- ½ chalota, picada
- 1 cucharada de miel
- 2 cucharaditas de mostaza integral
- Sal kosher y pimienta negra recién molida, al gusto

Direcciones

a) Precaliente el horno a 400 grados F. Cubra una bandeja para hornear con papel aluminio.
b) Coloque las remolachas en el papel de aluminio, rocíe con aceite de oliva y sazone con sal y pimienta. Dobla los 4 lados del papel aluminio para hacer una bolsa. Hornee hasta que estén tiernos, de 35 a 45 minutos; deTarro enfriar, unos 30 minutos.
c) Usando una toalla de papel limpia, frote las remolachas para quitarles la piel; corte en dados del tamaño de un bocado.
d) Cocine el farro según las instrucciones del paquete, luego déjelo enfriar.
e) Divida las remolachas en 4 frascos de vidrio de boca ancha (32 onzas) con tapas. Cubra con espinacas o col rizada, farro, coles de Bruselas, clementinas, nueces y semillas de granada. Se mantendrá tapado en el frigorífico 3 o 4 días.
f) PARA LA VINAGRETA: Batir el aceite de oliva, el vinagre, la chalota, la miel, la mostaza y 1 cucharada de agua; sazone con sal y pimienta al gusto. Cubra y refrigere por hasta 3 días.
g) Para servir, añade la vinagreta a cada tarro y agita. Servir inmediatamente.

9. Ensalada de brócoli en tarro de masón

Ingredientes
- 3 cucharadas de leche al 2%
- 2 cucharadas de mayonesa de aceite de oliva
- 2 cucharadas de yogur griego
- 1 cucharada de azúcar, o más al gusto
- 2 cucharaditas de vinagre de sidra de manzana
- ½ taza de anacardos
- ¼ taza de arándanos secos
- ½ taza de cebolla roja picada
- 2 onzas de queso cheddar, cortado en cubitos
- 5 tazas de floretes de brócoli picados en trozos grandes

Direcciones

a) PARA EL ADEREZO: Batir la leche, la mayonesa, el yogur, el azúcar y el vinagre en un tazón pequeño.

b) Divida el aderezo en 4 frascos de vidrio de boca ancha (16 onzas) con tapas. Cubra con anacardos, arándanos, cebolla, queso y brócoli. Refrigere hasta por 3 días.

c) Para servir, agitar el contenido de un frasco y servir de inmediato.

10. Ensalada de pollo en tarro de albañil

Ingredientes
- 2 ½ tazas de pollo asado desmenuzado sobrante
- ½ taza de yogur griego
- 2 cucharadas de mayonesa de aceite de oliva
- ¼ taza de cebolla roja picada
- 1 tallo de apio, cortado en cubitos
- 1 cucharada de jugo de limón recién exprimido, o más al gusto
- 1 cucharadita de estragón fresco picado
- ½ cucharadita de mostaza Dijon
- ½ cucharadita de ajo en polvo
- Sal kosher y pimienta negra recién molida, al gusto
- 4 tazas de col rizada rallada
- 2 manzanas Granny Smith, sin corazón y picadas
- ½ taza de anacardos
- ½ taza de arándanos secos

Direcciones

a) En un tazón grande, combine el pollo, el yogur, la mayonesa, la cebolla roja, el apio, el jugo de limón, el estragón, la mostaza y el ajo en polvo; sazone con sal y pimienta al gusto.

b) Divida la mezcla de pollo en 4 frascos de vidrio de boca ancha (24 onzas) con tapas. Cubra con col rizada, manzanas, anacardos y arándanos. Refrigere hasta por 3 días.

c) Para servir, agite el contenido de un frasco y sirva inmediatamente.

11. Ensalada china de pollo en tarro de albañil

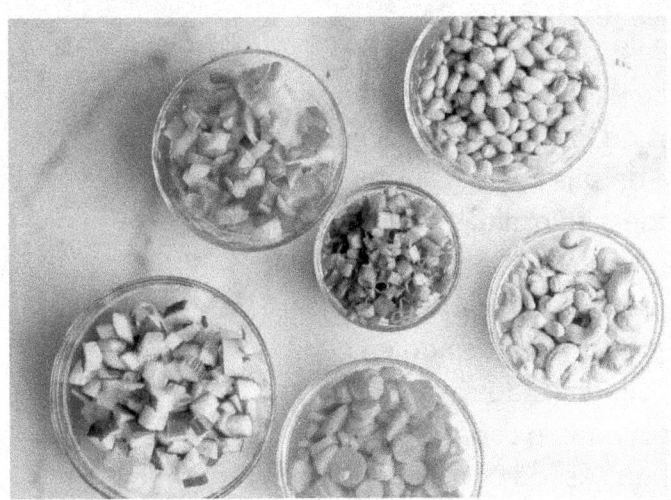

Ingredientes
- ½ taza de vinagre de vino de arroz
- 2 dientes de ajo, prensados
- 1 cucharada de aceite de sésamo
- 1 cucharada de jengibre recién rallado
- 2 cucharaditas de azúcar, o más al gusto
- ½ cucharadita de salsa de soja reducida en sodio
- 2 cebollas verdes, en rodajas finas
- 1 cucharadita de semillas de sésamo
- 2 zanahorias, peladas y ralladas
- 2 tazas de pepino inglés cortado en cubitos
- 2 tazas de repollo morado rallado
- 12 tazas de col rizada picada
- 1 ½ tazas de pollo asado cortado en cubitos sobrante
- 1 taza de tiras de wonton

Direcciones

a) PARA LA VINAGRETA: Batir el vinagre, el ajo, el aceite de sésamo, el jengibre, el azúcar y la salsa de soya en un tazón pequeño. Divida el aderezo en 4 frascos de vidrio de boca ancha (32 onzas) con tapas.

b) Cubra con cebollas verdes, semillas de sésamo, zanahorias, pepino, repollo, col rizada y pollo. Refrigere hasta por 3 días. Guarde las tiras de wonton por separado.

c) Para servir, agitar el contenido de un frasco y agregar las tiras de wonton. Servir inmediatamente.

12. Ensalada niçoise en tarro de albañil

Ingredientes
- 2 huevos medianos
- 2 ½ tazas de judías verdes partidas a la mitad
- 3 latas (7 onzas) de atún blanco empacado en agua, escurrido y enjuagado
- ¼ taza de aceite de oliva virgen extra
- 2 cucharadas de vinagre de vino tinto
- 2 cucharadas de cebolla roja picada
- 2 cucharadas de hojas de perejil fresco picado
- 1 cucharada de hojas de estragón frescas picadas
- 1 ½ cucharaditas de mostaza Dijon
- Sal kosher y pimienta negra recién molida, al gusto
- 1 taza de tomates cherry partidos por la mitad
- 4 tazas de lechuga mantecosa desgarrada
- 3 tazas de hojas de rúcula
- 12 aceitunas Kalamata
- 1 limón, cortado en gajos (opcional)

Direcciones

a) Coloque los huevos en una cacerola grande y cubra con agua fría por 1 pulgada. Llevar a ebullición y cocinar por 1 minuto. Cubre la olla con una tapa que cierre bien y retira del fuego; deja reposar de 8 a 10 minutos.

b) Mientras tanto, en una olla grande con agua hirviendo con sal, blanquee las judías verdes hasta que adquieran un color verde brillante, aproximadamente 2 minutos. Escurrir y enfriar en un recipiente con agua helada. Escurrir bien. Escurrir los huevos y deTarro enfriar antes de pelar y cortar los huevos por la mitad a lo largo.

c) En un tazón grande, combine el atún, el aceite de oliva, el vinagre, la cebolla, el perejil, el estragón y Dijon hasta que estén combinados; sazone con sal y pimienta al gusto.

d) Divida la mezcla de atún en 4 frascos de vidrio de boca ancha (32 onzas) con tapas. Cubra con judías verdes, huevos, tomates, lechuga mantequilla, rúcula y aceitunas. Refrigere hasta por 3 días.

e) Para servir, agitar el contenido de un frasco. Sirva inmediatamente, con rodajas de limón si lo desea.

13. Ensalada de tarro de albañil muy verde

Ingredientes
- ¾ taza de cebada perlada
- 1 taza de hojas de albahaca fresca
- ¾ taza de yogur griego al 2%
- 2 cebollas verdes, picadas
- 1 ½ cucharadas de jugo de lima recién exprimido
- 1 diente de ajo, pelado
- Sal kosher y pimienta negra recién molida, al gusto
- ½ pepino inglés, picado en trozos grandes
- 1 libra (4 pequeños) de calabacín, en espiral
- 4 tazas de col rizada rallada
- 1 taza de guisantes verdes congelados, descongelados
- ½ taza de queso feta bajo en grasa desmenuzado
- ½ taza de brotes de guisantes
- 1 lima, cortada en gajos (opcional)

Direcciones

a) Cocine la cebada según las instrucciones del paquete; deTarro enfriar por completo y reservar.

b) Para hacer el aderezo, combine la albahaca, el yogur, las cebollas verdes, el jugo de lima y el ajo en el tazón de un procesador de alimentos y sazone con sal y pimienta. Pulse hasta que quede suave, alrededor de 30 segundos a 1 minuto.

c) Divida el aderezo en 4 frascos de vidrio de boca ancha (32 onzas) con tapas. Cubra con pepino, fideos de calabacín, cebada, col rizada, guisantes, queso feta y brotes de guisantes. Refrigere hasta por 3 días.

d) Para servir, agitar el contenido en un frasco. Sirva inmediatamente, con rodajas de lima, si lo desea.

SALSAS Y CALDO ALBAÑIL TARRO

14. Salsa Chimichurri

INGREDIENTES:
- 1 taza de perejil fresco ligeramente empacado
- ¼ taza de vinagre de vino tinto orgánico
- 2 dientes de ajo grandes
- ¼ taza de aceite de oliva virgen extra
- 1 cucharadita de tomillo seco
- ½ cucharadita de sal
- ¼ de cucharadita de hojuelas de pimiento rojo
- ⅛ cucharadita de pimienta negra recién molida
- ¼ taza de caldo de hueso de res
- ¼ aguacate maduro

INSTRUCCIONES:
a) Coloque todos los ingredientes en un procesador de alimentos, mezcle durante unos 30 segundos o hasta que todos los ingredientes estén bien combinados. Si es demasiado delgado para su gusto, agregue más aguacate. Si es demasiado espeso, agregue más caldo de hueso de res.
b) Vierta la salsa chimichurri en un tarro de albañil de 8 onzas. Cubra y guarde en el refrigerador hasta por 2 semanas.

15. Caldo de hueso de res

INGREDIENTES:
- 3-4 libras de huesos mixtos de res alimentados con pasto
- 2 cebollas medianas, picadas
- 2 zanahorias medianas, picadas
- 3 tallos de apio, picados
- 2 hojas de laurel
- 2 cucharadas de vinagre de sidra de manzana
- 1 cucharada de granos de pimienta
- 8-10 tazas de agua

INSTRUCCIONES:
a) Caliente el horno a 400°F.
b) Coloque los huesos mezclados en una asadera en una sola capa y colóquelos en el horno. Asar los huesos durante 30 minutos. Voltee los huesos y ase otros 30 minutos.
c) Mientras se asan los huesos, picar las zanahorias, las cebollas y el apio. Vas a desecharlos después de largas horas de cocción, ¡así que una chuleta gruesa funciona muy bien!
d) Coloque los huesos asados, las verduras picadas, las hojas de laurel, el vinagre de sidra de manzana y los granos de pimienta en una olla eléctrica de 6 cuartos. Cubra completamente con agua.
e) Tape y cocine a fuego lento durante 24 horas. Agregue agua según sea necesario para mantener todos los ingredientes cubiertos de agua y retire periódicamente la espuma de la parte superior de la olla.
f) Después de 24 horas, el caldo debe tener un color marrón oscuro. Deseche todos los sólidos y cuele el caldo a través de un colador de malla fina en un tazón grande. Cuele una vez más a través de una gasa para eliminar las partículas restantes si lo desea.
g) Sirva el caldo de huesos en tarros Albañil y déjelo enfriar a temperatura ambiente. El caldo de huesos puede almacenarse en el refrigerador hasta por dos semanas o congelarse para uso futuro. Antes de usar, quitar la grasa acumulada en la superficie.

16. Mermelada de daiquiri de kiwi

Rinde: 4 porciones

INGREDIENTES:
- 5 kiwis pelados
- 3 tazas de azúcar
- ⅔ taza de jugo de piña sin azúcar
- ⅓ taza de jugo de limón fresco
- 3 onzas de pectina líquida
- colorante alimentario verde, opcional
- 4 cucharadas de ron

INSTRUCCIONES:

a) Llene la envasadora de agua hirviendo con agua. Coloque 4 tarros de albañil limpios de media pinta en la envasadora. Cubra, hierva el agua y hierva durante al menos 10 minutos para esterilizar los frascos en altitudes de hasta 1000 pies.

b) Coloque las tapas a presión en agua hirviendo y hierva durante 5 minutos para ablandar el compuesto de sellado.

c) En una cacerola grande de acero inoxidable o esmalte, triture los kiwis hasta obtener una consistencia de compota de manzana. Agregue el azúcar, la piña y el jugo de lima.

d) Llevar a ebullición completa, revolviendo hasta que el azúcar se disuelva.

e) Revolviendo constantemente, hierva vigorosamente durante 2 minutos.

f) Retire del fuego y agregue la pectina. Continúe revolviendo durante 5 minutos para evitar que la fruta flote. Agregue el ron.

g) Vierta la mermelada en un frasco esterilizado caliente hasta ¼ de pulgada del borde superior.

h) Elimine las burbujas de aire deslizando una espátula de goma entre el vidrio y la comida y reajuste el espacio superior a ¼ de pulgada. Limpie el borde del frasco eliminando cualquier pegajosidad. Centre la tapa a presión en el frasco, aplique la banda de rosca hasta que quede apretada con la punta de los dedos. Coloque el frasco en la envasadora. Repita para la mermelada restante.

i) Tape la envasadora, vuelva a hervir el agua y procese durante 5 minutos. Fresco las 24 horas. Revise los sellos de los frascos.

j) Retire las bandas de tornillos. Limpie los frascos, etiquételos y guárdelos en un lugar fresco y oscuro.

17. Crock Pot Dulce de Leche

Hace: 16

INGREDIENTES:
- 2 latas (14 onzas) de leche condensada azucarada

INSTRUCCIONES:
a) Llena los tarros Albañil hasta el borde con leche condensada azucarada.
b) Atornille bien las tapas.
c) Coloque en posición vertical en una olla de cocción lenta.
d) Llene la olla de barro hasta la mitad con agua caliente del grifo para cubrir los frascos.
e) Cocine en BAJO durante 8 a 10 horas.
f) Permita que se enfríe a temperatura ambiente en el mostrador.
g) Refrigere hasta que sea necesario.

18. Salsa picante estilo Luisiana

HACE 16 ONZAS

Ingredientes:
- 1 libra (alrededor de 10) chiles de cayena o tabasco frescos, sin tallo
- 2 cucharaditas de sal no yodada
- ½ taza de vinagre de vino blanco o vinagre blanco
- 2 dientes de ajo

Direcciones:

a) En una licuadora o procesador de alimentos, combine los chiles y la sal. Licúa hasta que se forme un puré y se libere una salmuera de los chiles.

b) Empaque el puré en un frasco limpio y presiónelo hasta que la salmuera natural cubra los chiles, dejando al menos 1 pulgada de espacio superior.

c) Coloque un cartucho, si lo usa, luego atornille bien la tapa y guarde el frasco a temperatura ambiente lejos de la luz solar directa para que fermente durante 2 semanas. Haga eructar el frasco todos los días.

d) Una vez que se complete la fermentación, combine el puré (salmuera natural incluida), el vinagre y el ajo en un procesador de alimentos o licuadora. Licúa hasta que la salsa esté lo más suave posible.

e) Guarde la salsa picante en un recipiente hermético en el refrigerador hasta por 1 año.

19. Chimichurri verde

HACE 8 ONZAS

Ingredientes:
- 2 tazas de perejil fresco picado
- 1 taza de cilantro recién picado
- 2 cebolletas, tanto la parte blanca como la verde, picadas
- 4 dientes de ajo, picados
- 1 chile rojo fresco (como cayena o tabasco), sin tallo y picado
- 1½ cucharaditas de sal no yodada
- ¼ taza de vinagre de vino tinto
- ¼ taza de aceite de oliva, para servir

Direcciones:

a) En un tazón, combine el perejil, el cilantro, las cebolletas, el ajo y el chile rojo. Espolvorear con la sal. Usando sus manos, masajee la sal en las verduras. Déjalo reposar durante 10 minutos para permitir que se forme una salmuera.

a) Una vez que se haya liberado la salmuera natural, empaque la mezcla y la salmuera en un frasco limpio. Presione la mezcla hacia abajo hasta que la salmuera cubra las verduras.

b) Coloque un cartucho, si lo usa, luego atornille bien la tapa y guarde el frasco a temperatura ambiente lejos de la luz solar directa para que fermente durante 5 días. Haga eructar el frasco todos los días.

c) Una vez que se complete la fermentación, combine el fermento y el vinagre de vino tinto en una licuadora o procesador de alimentos. Mezcle hasta que esté bien combinado.

d) Guarda el chimichurri en el refrigerador hasta por 3 meses. Cuando esté listo para servir, agregue 1 cucharada de aceite de oliva por ¼ de taza de chimichurri.

20. salsa aji amarillo

HACE 16 ONZAS

Ingredientes:

para la pasta
- 4 onzas (alrededor de 15) de chiles ají amarillo secos, sin tallo y cortados en pedazos
- 6 dientes de ajo
- 3 cebollines, tanto la parte blanca como la verde, en rodajas
- 2½ tazas de agua sin cloro
- 2 cucharadas de sal no yodada
- 5 cucharadas de jugo de lima
- 2 cucharadas de salmuera reservada

para la salsa
- 2 tazas de pasta de ají amarillo
- 1 taza de leche evaporada
- 1 taza de queso fresco o queso feta
- ¼ taza de galletas trituradas o pan rallado

Direcciones:

a) Para hacer la pasta: En un frasco limpio, combine los chiles, el ajo y las cebolletas.

b) En un recipiente aparte, haga una salmuera combinando el agua y la sal.

c) Coloque un peso, si lo usa, luego vierta la salmuera en el frasco, dejando al menos 1 pulgada de espacio libre. Cierra bien la tapa y guarda el frasco a temperatura ambiente lejos de la luz solar directa para que fermente durante 10 días. Haga eructar el frasco todos los días.

d) Una vez finalizada la fermentación, colar el fermento, reservando 2 cucharadas de la salmuera.

e) En una licuadora o procesador de alimentos, combine el fermento, el jugo de lima y la salmuera reservada. Mezclar hasta que esté suave.

f) Guarda la pasta en el refrigerador hasta por 6 meses.

g) Para hacer la salsa: En una licuadora o procesador de alimentos, combine la pasta de ají amarillo, la leche evaporada, el queso y las galletas o pan rallado.

h) Mezclar hasta que esté suave.

21. Salsa de chile verde con ajo

HACE 16 ONZAS

Ingredientes:
- 1 libra (alrededor de 6) chiles Hatch frescos, sin tallo
- 8 dientes de ajo
- 2 cucharaditas de sal no yodada
- 2 cucharaditas de semillas de comino
- 1 cucharadita de orégano molido
- ¼ taza de vinagre blanco
- 1 cucharada de azúcar granulada

Direcciones:
a) En una licuadora o procesador de alimentos, combine los chiles, el ajo, la sal, las semillas de comino y el orégano. Mezcle hasta que esté picado en trozos grandes y se haya liberado una salmuera natural. Vierta la mezcla en un frasco limpio.
b) Coloque un cartucho, si lo usa, luego atornille bien la tapa y guarde el frasco a temperatura ambiente lejos de la luz solar directa para que fermente durante 5 días. Haga eructar el frasco todos los días.
c) Una vez que se complete la fermentación, combine el fermento, el vinagre y el azúcar en un procesador de alimentos o licuadora. Mezclar hasta que esté suave.
d) Guarda la salsa en el refrigerador hasta por 1 año.

22. Salsa picante de chipotle

HACE 16 ONZAS

Ingredientes:
- 2 onzas (alrededor de 15) chiles chipotles secos, sin tallo
- 6 dientes de ajo
- ½ cebolla blanca o amarilla, cortada por la mitad
- 2 tazas de agua no clorada
- 1 cucharada más 1 cucharadita de sal no yodada
- ½ taza de jugo de naranja
- ½ taza de vinagre de sidra de manzana
- ¼ taza de salmuera reservada
- 2 cucharadas de pasta de tomate
- 1 cucharada de azúcar granulada
- 1 cucharadita de semillas de comino

Direcciones:
a) En un frasco limpio, combine los chiles, el ajo y la cebolla.
b) En un recipiente aparte, haga una salmuera combinando el agua y la sal.
c) Coloque un peso, si lo usa, luego vierta la salmuera en el frasco, dejando al menos 1 pulgada de espacio libre. Enrosque bien la tapa y guarde el frasco a temperatura ambiente lejos de la luz solar directa para que fermente durante 1 semana. Haga eructar el frasco todos los días.
d) Una vez que se complete la fermentación, cuele el fermento, reservando ¼ de taza de salmuera.
e) En una licuadora o procesador de alimentos, combine el fermento, el jugo de naranja, el vinagre, la salmuera reservada, la pasta de tomate, el azúcar y las semillas de comino. Mezclar hasta que esté suave.
f) Mantenga la salsa almacenada en el refrigerador hasta por 1 año.

23. aji picante

HACE 16 ONZAS

Ingredientes:
- 1 onza (alrededor de 4) ají chirca o chile habanero fresco, sin tallo y picado
- 6 cebolletas, tanto la parte blanca como la verde, picadas
- 1 taza de cilantro recién picado
- 2 tomates medianos, picados
- 1 cucharada de sal no yodada
- 1 taza de agua
- ¼ taza de salmuera reservada
- ¼ taza de vinagre blanco
- 2 cucharadas de jugo de lima
- 2 cucharaditas de azúcar granulada
- ¼ taza de aguacate o aceite de girasol, para servir

Direcciones:

a) En un tazón, combine los chiles, las cebolletas, el cilantro y los tomates. Espolvorear las verduras con la sal.
b) Usando sus manos, masajee la sal en las verduras hasta que comience a formarse una salmuera. Deje reposar las verduras durante 30 minutos, o hasta que se haya formado suficiente salmuera para cubrir los ingredientes en un frasco.
c) Empaque el puré en un frasco limpio, presionándolo hacia abajo para asegurarse de que la salmuera cubra el puré.
d) Coloque un cartucho, si lo usa, luego atornille bien la tapa y guarde el frasco a temperatura ambiente para que fermente durante 5 días. Haga eructar el frasco todos los días.
e) Una vez finalizada la fermentación, colar el puré, reservando ¼ de taza de la salmuera.
f) Combine el puré, el agua, la salmuera reservada, el vinagre, el jugo de lima y el azúcar en un procesador de alimentos o licuadora. Pulse ligeramente hasta que se combinen bien pero no se hagan puré por completo. Para una versión un poco más gruesa, puede omitir el paso de pulsación y simplemente mezclar los ingredientes a mano.
g) Mantenga el ají picante almacenado en un recipiente hermético en el refrigerador hasta por 1 año.
h) Mezcle 1 cucharada de aceite por 1 taza de salsa justo antes de servir.

24. Vinagre de manzana

Hace alrededor de ½ a 1 cuarto de galón/litro
Ingredientes:
- ½ taza de azúcar de coco
- 1 litro de agua filtrada
- 4 manzanas, núcleos y pieles incluidas

Direcciones:
a) En una Tarrora o taza medidora grande, mezcle el azúcar y el agua, revolviendo si es necesario para que el azúcar se disuelva.
b) Corta las manzanas en cuartos y luego corta cada pieza por la mitad. Coloque los trozos de manzana, incluidos los corazones y las pieles, en un frasco o vasija de 1 a 2 cuartos de galón, dejando alrededor de 1 a 2 pulgadas en la parte superior del frasco.
c) Vierta la solución de agua y azúcar sobre las manzanas, dejando alrededor de ¾ de pulgada en la parte superior del frasco. Las manzanas flotarán hasta la parte superior y algunas no se sumergirán, pero está bien.
d) Cubra la abertura con unas pocas capas de estopilla limpia y coloque una banda elástica alrededor de la boca del frasco o vasija para mantener la estopilla en su lugar.
e) Todos los días, retira la gasa y revuelve para cubrir las manzanas con la solución de agua azucarada, y vuelve a cubrir con la gasa cuando hayas terminado. Debes hacerlo todos los días para asegurarte de que las manzanas no se enmohezcan durante el proceso de fermentación.
f) Pasadas dos semanas, cuela las manzanas, reservando el líquido; Puedes agregar las manzanas a tu compost. Vierta el líquido en una botella y ciérrela con una tapa hermética o un corcho. El vinagre se conserva durante aproximadamente un año.

g) Empújelos a través de un exprimidor eléctrico para hacer jugo de manzana. Si no tiene un exprimidor, simplemente corte las manzanas en cuartos y hágalas puré en un procesador de alimentos.

h) Luego, empuje la pulpa de manzana a través de un tamiz forrado con muselina o una bolsa de muselina para eliminar la fibra del jugo.
i) Vierta el jugo en Tarroras o botellas de vidrio limpias y oscuras sin taparlas. Cubra la parte superior con unas pocas capas de gasa y manténgalas en su lugar con una banda elástica.
j) Guarde las botellas o frascos en un lugar fresco y oscuro durante tres semanas a seis meses.

25. vinagre de piña

Hace alrededor de ½ a 1 cuarto de galón/litro
Ingredientes:
a) ½ taza de azúcar de coco
b) 1 litro de agua filtrada
c) 1 piña mediana

Direcciones:
a) En una Tarrora o taza medidora grande, mezcle el azúcar y el agua, revolviendo si es necesario para que el azúcar se disuelva.
b) Retire la piel y el corazón de la piña. Deja la carne de la fruta a un lado para otro uso. Picar en trozos grandes las pieles y el corazón. Coloque los trozos de piña en un frasco o vasija de 1 a 2 cuartos, dejando alrededor de 1 a 2 pulgadas en la parte superior del frasco.
c) Vierta la solución de agua y azúcar sobre la cáscara y el corazón de la piña, dejando aproximadamente ¾ de pulgada en la parte superior del frasco. Las piezas flotarán hacia la parte superior y algunas no se sumergirán, pero está bien.
d) Cubra la abertura con unas pocas capas de estopilla limpia y coloque una banda elástica alrededor de la boca del frasco o vasija para mantener la estopilla en su lugar.
e) Todos los días, retire la estopilla y revuelva para cubrir los trozos de piña con la solución de agua y azúcar. Debe hacerlo todos los días para asegurarse de que los trozos de piña no se enmohezcan durante el proceso de fermentación.
f) Pasadas dos semanas, cuela los trozos de piña, reservando el líquido; Puedes agregar la piña a tu compost. Vierta el líquido en una botella y ciérrela con una tapa hermética o un corcho. El vinagre se conserva durante aproximadamente un año.

TARRO DE ALBAÑILVERDURAS

26. pepinillos

Ingredientes:
- 4 libras de pepino para encurtir de 4 pulgadas
- 2 cucharadas de semillas de eneldo o 4 a 5 cabezas de eneldo fresco o seco
- 1/2 taza de sal
- 1/4 taza de vinagre (5%
- 8 tazas de agua y uno o más de los siguientes ingredientes:
- 2 dientes de ajo (opcional)
- 2 pimientos rojos secos (opcional)
- 2 cucharaditas de especias para encurtir mezcladas enteras

Direcciones:

a) Lave los pepinos. Corte una rebanada de 1/16 de pulgada del extremo de la flor y deséchela. Deje 1/4 de pulgada de tallo adjunto. Coloque la mitad del eneldo y las especias en el fondo de un recipiente limpio y adecuado.
b) Agregue los pepinos, el eneldo restante y las especias. Disuelva la sal en vinagre y agua y vierta sobre los pepinos.
c) Agregue la cobertura y el peso adecuados. Almacene donde la temperatura esté entre 70° y 75°F durante aproximadamente 3 a 4 semanas mientras fermenta. Las temperaturas de 55° a 65°F son aceptables, pero la fermentación tomará de 5 a 6 semanas.
d) Evite temperaturas superiores a 80°F, o los pepinillos se volverán demasiado suaves durante la fermentación. Los encurtidos en fermentación se curan lentamente. Revise el recipiente varias veces a la semana y elimine rápidamente la escoria o el moho de la superficie. Precaución: si los pepinillos se vuelven blandos, viscosos o desarrollan un olor desagradable, deséchelos.
e) Los encurtidos completamente fermentados se pueden almacenar en el recipiente original durante aproximadamente 4 a 6 meses, siempre que se refrigeren y se eliminen regularmente la escoria superficial y los mohos. Conservar encurtidos completamente fermentados es una mejor manera de almacenarlos. Para envasarlos, vierta la salmuera en una sartén, caliente lentamente hasta que hierva y cocine a fuego lento durante 5 minutos. Filtre la salmuera a través de filtros de café de papel para reducir la turbidez, si lo desea.
f) Llene el frasco caliente con pepinillos y salmuera caliente, dejando un espacio superior de 1/2 pulgada.
g) Retire las burbujas de aire y ajuste el espacio libre si es necesario. Limpie los bordes de los frascos con una toalla de papel limpia humedecida.

27. Chucrut

Ingredientes:
- 25 libras repollo
- 3/4 taza de sal para enlatar o encurtir

Rendimiento: Alrededor de 9 cuartos

Direcciones:
a) Trabaje con alrededor de 5 libras de repollo a la vez. Deseche las hojas exteriores. Enjuague las cabezas con agua corriente fría y escúrralas. Corte las cabezas en cuartos y retire los corazones. Triture o rebane a un espesor de un cuarto.
b) Ponga el repollo en un recipiente de fermentación adecuado y agregue 3 cucharadas de sal. Mezcle bien, usando las manos limpias. Empaque firmemente hasta que la sal extraiga los jugos del repollo.
c) Repita la trituración, la salazón y el empaque hasta que todo el repollo esté en el recipiente. Asegúrese de que sea lo suficientemente profundo para que su borde esté al menos 4 o 5 pulgadas por encima del repollo. Si el jugo no cubre el repollo, agregue salmuera hervida y enfriada (1-1/2 cucharadas de sal por litro de agua).
d) Agregue plato y pesas; cubra el recipiente con una toalla de baño limpia.
e) Si pesa el repollo con una bolsa llena de salmuera, no mueva la vasija hasta que se complete la fermentación normal (cuando cese el burbujeo). Si usa frascos como peso, deberá revisar el kraut dos o tres veces por semana y eliminar la escoria si se forma. El kraut completamente fermentado se puede guardar bien tapado en el refrigerador durante varios meses.
f) Retire las burbujas de aire y ajuste el espacio libre si es necesario. Limpie los bordes de los frascos con una toalla de papel limpia humedecida.

28. Encurtidos de pan con mantequilla

Ingredientes:
- 6 libras de pepinos para encurtir de 4 a 5 pulgadas
- 8 tazas de cebollas en rodajas finas
- 1/2 taza de sal para enlatar o encurtir
- 4 tazas de vinagre (5%)
- 4-1/2 tazas de azúcar
- 2 cucharadas de semilla de mostaza
- 1-1/2 cucharadas de semillas de apio
- 1 cucharada de cúrcuma molida
- 1 taza de lima para encurtir

Rendimiento: Alrededor de 8 pintas

Direcciones:

a) Lave los pepinos. Corte 1/16 de pulgada del extremo de la flor y deséchelo. Cortar en rebanadas de 3/16 de pulgada. Combine los pepinos y las cebollas en un tazón grande. Agregue sal. Cubra con 2 pulgadas de hielo triturado o en cubos. Refrigere de 3 a 4 horas, agregando más hielo según sea necesario.

b) Combine los ingredientes restantes en una olla grande. Hervir 10 minutos. Escurra y agregue los pepinos y las cebollas y vuelva a calentar lentamente hasta que hierva. Llene los frascos de una pinta caliente con rebanadas y Tarroabe para cocinar, dejando un espacio superior de 1/2 pulgada.

c) Retire las burbujas de aire y ajuste el espacio libre si es necesario. Limpie los bordes de los frascos con una toalla de papel limpia humedecida.

29. pepinillos

Ingredientes:
- 8 libras de pepinos para encurtir de 3 a 5 pulgadas
- 2 galones de agua
- 1-1/4 tazas de sal para enlatar o encurtir
- 1-1/2 cuartos de vinagre (5%)
- 1/4 taza de azúcar
- 2 cuartos de agua
- 2 cucharadas de especias para encurtir mezcladas enteras
- unas 3 cucharadas de semillas de mostaza enteras
- unas 14 cabezas de eneldo fresco

Rendimiento: Alrededor de 7 a 9 pintas

Direcciones:
a) Lave los pepinos. Corte una rebanada de 1/16 de pulgada del extremo de la flor y deséchela, pero deje 1/4 de pulgada del tallo adjunto. Disuelva 3/4 taza de sal en 2 galones de agua. Vierta sobre los pepinos y deje reposar 12 horas. Drenar.
b) Combine vinagre, 1/2 taza de sal, azúcar y 2 cuartos de galón de agua. Agregue especias mixtas para encurtir atadas en un paño blanco limpio. Caliente hasta que hierva. Llene los frascos calientes con pepinos.
c) Agregue 1 cucharadita de semillas de mostaza y 1-1/2 cabezas de eneldo fresco por pinta. Cubra con una solución de decapado hirviendo, dejando un espacio superior de 1/2 pulgada. Retire las burbujas de aire y ajuste el espacio libre si es necesario. Limpie los bordes de los frascos con una toalla de papel limpia humedecida.

30. Pepinillos dulces encurtidos

Ingredientes:
- 7 libras pepinos (1-1/2 pulgada o menos)
- 1/2 taza de sal para enlatar o encurtir
- 8 tazas de azúcar
- 6 tazas de vinagre (5%)
- 3/4 cucharaditas de cúrcuma
- 2 cucharaditas de semillas de apio
- 2 cucharaditas de especias para encurtir mezcladas enteras
- 2 palitos de canela
- 1/2 cucharaditas de hinojo (opcional)
- 2 cucharaditas de vainilla (opcional)

Rendimiento: alrededor de 6 a 7 pintas

Direcciones:

a) Lave los pepinos. Corte una rebanada de 1/16 de pulgada del extremo de la flor y deséchela, pero deje 1/4 de pulgada del tallo adjunto.

b) Coloque los pepinos en un recipiente grande y cúbralos con agua hirviendo. Seis a 8 horas más tarde, y nuevamente el segundo día, escurra y cubra con 6 cuartos de galón de agua fresca hirviendo que contenga 1/4 de taza de sal. Al tercer día, escurra y pinche los pepinos con un tenedor de mesa.

c) Combine y hierva 3 tazas de vinagre, 3 tazas de azúcar, cúrcuma y especias. Vierta sobre los pepinos. Seis a 8 horas más tarde, escurra y guarde el Tarroabe para encurtir. Agregue otras 2 tazas de azúcar y vinagre y vuelva a calentar hasta que hierva. Vierta sobre los pepinillos.

d) Al cuarto día escurrir y guardar el almíbar. Agregue otras 2 tazas de azúcar y 1 taza de vinagre. Calentar hasta que hierva y verter sobre los pepinillos. Escurra y guarde el Tarroabe para encurtir de 6 a 8 horas más tarde. Agregue 1 taza de azúcar y 2 cucharaditas de vainilla y caliente hasta que hierva.

e) Llene los frascos de una pinta estériles y calientes con pepinillos y cúbralos con almíbar caliente, dejando un espacio superior de 1/2 pulgada.

f) Retire las burbujas de aire y ajuste el espacio libre si es necesario. Limpie los bordes de los frascos con una toalla de papel limpia humedecida.

31. Encurtidos dulces de 14 días

Ingredientes:
- 4 libras de pepinos para encurtir de 2 a 5 pulgadas
- 3/4 taza de sal para enlatar o encurtir
- 2 cucharaditas de semilla de apio
- 2 cucharadas de especias mixtas para encurtir
- 5-1/2 tazas de azúcar
- 4 tazas de vinagre (5%)

Rendimiento: alrededor de 5 a 9 pintas

Direcciones:
a) Lave los pepinos. Corte una rebanada de 1/16 de pulgada del extremo de la flor y deséchela, pero deje 1/4 de pulgada del tallo adjunto. Coloque los pepinos enteros en un recipiente adecuado de 1 galón.
b) Agregue 1/4 taza de sal para enlatar o encurtir a 2 cuartos de galón de agua y deje hervir. Vierta sobre los pepinos. Agregue la cobertura y el peso adecuados.
c) Coloque una toalla limpia sobre el recipiente y mantenga la temperatura a aproximadamente 70 °F. En el tercer y quinto día, drene el agua salada y deséchelo. Enjuague los pepinos y devuélvalos al recipiente. Agregue 1/4 taza de sal a 2 cuartos de galón de agua fresca y hierva. Vierta sobre los pepinos.
d) Vuelva a colocar la cubierta y el peso, y vuelva a cubrir con una toalla limpia. En el séptimo día, drene el agua salada y deséchelo. Enjuague los pepinos, cubra y pese.

32. Encurtidos dulces rápidos

Ingredientes:
- 8 libras de pepinos para encurtir de 3 a 4 pulgadas
- 1/3 taza de sal para enlatar o encurtir
- 4-1/2 tazas de azúcar
- 3-1/2 tazas de vinagre (5%)
- 2 cucharaditas de semilla de apio
- 1 cucharada de pimienta de Jamaica entera
- 2 cucharadas de semilla de mostaza
- 1 taza de lima para encurtir (opcional)

Rendimiento: Alrededor de 7 a 9 pintas

Direcciones:

a) Lave los pepinos. Corte 1/16 de pulgada del extremo de la flor y deséchelo, pero deje 1/4 de pulgada del tallo adjunto. Rebana o corta en tiras, si lo deseas. Coloque en un tazón y espolvoree con 1/3 taza de sal. Cubra con 2 pulgadas de hielo triturado o en cubos.

b) Refrigere de 3 a 4 horas. Agregue más hielo según sea necesario. Escurrir bien.

c) Combine el azúcar, el vinagre, las semillas de apio, la pimienta de Jamaica y las semillas de mostaza en una tetera de 6 cuartos. Caliente hasta que hierva.

d) Paquete caliente—Agregue los pepinos y caliente lentamente hasta que la solución de vinagre vuelva a hervir. Revuelva ocasionalmente para asegurarse de que la mezcla se caliente uniformemente. Llene los frascos estériles, dejando un espacio superior de 1/2 pulgada.

e) Envasado crudo: llene los frascos calientes, dejando un espacio superior de 1/2 pulgada. Agregue el Tarroabe para encurtir caliente, dejando un espacio superior de 1/2 pulgada.

f) Retire las burbujas de aire y ajuste el espacio libre si es necesario. Limpie los bordes de los frascos con una toalla de papel limpia humedecida.

33. espárragos en escabeche

Ingredientes:
- 10 libras espárragos
- 6 dientes de ajo grandes
- 4-1/2 tazas de agua
- 4-1/2 tazas de vinagre blanco destilado (5%)
- 6 pimientos picantes pequeños (opcional)
- 1/2 taza de sal para conservas
- 3 cucharaditas de semillas de eneldo

Rendimiento: 6 tarros de una pinta de boca ancha

Direcciones:

a) Lave bien los espárragos, pero suavemente, con agua corriente. Corte los tallos desde el fondo para deTarro puntas con puntas que se introduzcan en el frasco de conservas, dejando un poco más de 1/2 pulgada de espacio superior. Pelar y lavar los dientes de ajo.

b) Coloque un diente de ajo en el fondo de cada frasco y empaque bien los espárragos en frascos calientes con los extremos romos hacia abajo. En una cacerola de 8 cuartos, combine el agua, el vinagre, los pimientos picantes (opcional), la sal y las semillas de eneldo.

c) Llevar a ebullición. Coloque un pimiento picante (si se usa) en cada frasco sobre los espárragos. Vierta salmuera caliente hirviendo sobre los tallos, dejando un espacio superior de 1/2 pulgada.

d) Retire las burbujas de aire y ajuste el espacio libre si es necesario. Limpie los bordes de los frascos con una toalla de papel limpia humedecida.

34. Frijoles encurtidos

Ingredientes:
- 4 libras judías verdes o amarillas frescas y tiernas
- 8 a 16 cabezas de eneldo fresco
- 8 dientes de ajo (opcional)
- 1/2 taza de sal para enlatar o encurtir
- 4 tazas de vinagre blanco (5%)
- 4 tazas de agua
- 1 cucharadita de hojuelas de pimiento rojo picante

Rendimiento: Alrededor de 8 pintas

Direcciones:

a) Lave y corte los extremos de los frijoles y córtelos en longitudes de 4 pulgadas. En cada tarro esterilizado caliente, coloque 1 o 2 cabezas de eneldo y, si lo desea, 1 diente de ajo. Coloque los frijoles enteros en posición vertical en frascos, dejando un espacio superior de 1/2 pulgada.

b) Recorte los frijoles para asegurarse de que estén bien, si es necesario. Combine sal, vinagre, agua y hojuelas de pimienta (si lo desea). Llevar a ebullición. Agregue la solución caliente a los frijoles, dejando un espacio superior de 1/2 pulgada.

c) Retire las burbujas de aire y ajuste el espacio libre si es necesario. Limpie los bordes de los frascos con una toalla de papel limpia humedecida.

35. Ensalada de tres frijoles en escabeche

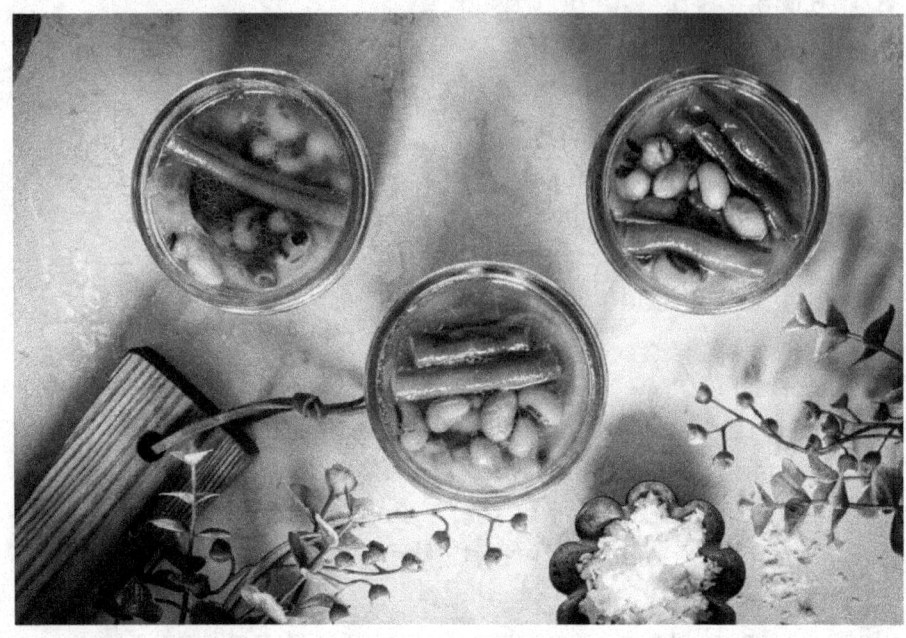

Ingredientes:
- 1-1/2 tazas de frijoles verdes/amarillos blanqueados
- 1-1/2 tazas de frijoles rojos enlatados y escurridos
- 1 taza de garbanzos enlatados y escurridos
- 1/2 taza de cebolla pelada y en rodajas finas
- 1/2 taza de apio cortado y en rodajas finas
- 1/2 taza de pimientos verdes en rodajas
- 1/2 taza de vinagre blanco (5%)
- 1/4 taza de jugo de limón embotellado
- 3/4 taza de azúcar
- 1/4 taza de aceite
- 1/2 cucharadita de sal para enlatar o encurtir
- 1-1/4 tazas de agua

Rendimiento: alrededor de 5 a 6 medias pintas

Direcciones:
a) Lave y rompa los extremos de los frijoles frescos. Corte o rompa en pedazos de 1 a 2 pulgadas.
b) Blanquear 3 minutos y enfriar inmediatamente. Enjuague los frijoles con agua del grifo y escúrralos nuevamente. Prepare y mida todas las demás verduras.
c) Combine el vinagre, el jugo de limón, el azúcar y el agua y hierva. AleTarro del calor.
d) Agregue aceite y sal y mezcle bien. Agregue frijoles, cebollas, apio y pimiento verde a la solución y cocine a fuego lento.
e) Marinar de 12 a 14 horas en el refrigerador, luego calentar toda la mezcla hasta que hierva. Llene los frascos calientes con sólidos. Agregue el líquido caliente, dejando un espacio superior de 1/2 pulgada.
f) Retire las burbujas de aire y ajuste el espacio libre si es necesario. Limpie los bordes de los frascos con una toalla de papel limpia humedecida.

36. Las remolachas en escabeche

Ingredientes:
- 7 libras de remolachas de 2 a 2-1/2 pulgadas de diámetro
- 4 tazas de vinagre (5%)
- 1-1/2 cucharaditas de sal para enlatar o encurtir
- 2 tazas de azúcar
- 2 tazas de agua
- 2 palitos de canela
- 12 dientes enteros
- 4 a 6 cebollas (de 2 a 2-1/2 pulgadas de diámetro),

Rendimiento: Alrededor de 8 pintas

Direcciones:
a) Recorte las puntas de las remolachas, dejando 1 pulgada de tallo y raíces para evitar que pierda el color.
b) Lávese bien. Ordenar por tamaño. Cubra tamaños similares junto con agua hirviendo y cocine hasta que estén tiernos (alrededor de 25 a 30 minutos). Precaución: Drene y deseche el líquido. Remolachas frescas. Recorte de raíces y tallos y deslizamiento de pieles. Cortar en rodajas de 1/4 de pulgada. Pelar y cortar en rodajas finas las cebollas.
c) Combine el vinagre, la sal, el azúcar y el agua dulce. Coloque las especias en una bolsa de gasa y agréguelas a la mezcla de vinagre. Llevar a ebullición. Agregue las remolachas y las cebollas. Cocine a fuego lento 5 minutos. Retire la bolsa de especias.
d) Llene los frascos calientes con remolachas y cebollas, dejando un espacio superior de 1/2 pulgada. Agregue la solución de vinagre caliente, dejando un espacio superior de 1/2 pulgada.
e) Retire las burbujas de aire y ajuste el espacio libre si es necesario. Limpie los bordes de los frascos con una toalla de papel limpia humedecida.

37. zanahorias en escabeche

Ingredientes:
- 2-3/4 libras zanahorias peladas
- 5-1/2 tazas de vinagre blanco (5%)
- 1 taza de agua
- 2 tazas de azúcar
- 2 cucharaditas de sal para conservas
- 8 cucharaditas de semillas de mostaza
- 4 cucharaditas de semilla de apio

Rendimiento: Alrededor de 4 pintas

Direcciones:
- Lave y pele las zanahorias. Cortar en círculos de aproximadamente 1/2 pulgada de grosor.
- Combine el vinagre, el agua, el azúcar y la sal para conservas en una olla o en un horno holandés de 8 cuartos. Llevar a ebullición y hervir 3 minutos. Agregue las zanahorias y vuelva a hervir. Luego reduzca el fuego a fuego lento y caliente hasta que esté medio cocido (unos 10 minutos).
- Mientras tanto, coloque 2 cucharaditas de semillas de mostaza y 1 cucharadita de semillas de apio en cada Tarrora de pinta caliente vacía. Llene los frascos con zanahorias calientes, dejando un espacio superior de 1 pulgada. Llene con líquido decapante caliente, dejando un espacio superior de 1/2 pulgada.
- Retire las burbujas de aire y ajuste el espacio libre si es necesario. Limpie los bordes de los frascos con una toalla de papel limpia humedecida.

38. Coliflor en escabeche/Bruselas

Ingredientes:
- 12 tazas de floretes de coliflor de 1 a 2 pulgadas o coles de Bruselas pequeñas
- 4 tazas de vinagre blanco (5%)
- 2 tazas de azúcar
- 2 tazas de cebollas en rodajas finas
- 1 taza de pimientos rojos dulces cortados en cubitos
- 2 cucharadas de semilla de mostaza
- 1 cucharada de semilla de apio
- 1 cucharadita de cúrcuma
- 1 cucharadita de lagos de pimiento rojo picante

Rendimiento: alrededor de 9 medias pintas

Direcciones:
a) Lave los cogollos de coliflor o las coles de Bruselas y hierva en agua con sal (4 cucharaditas de sal para conservas por galón de agua) durante 3 minutos para la coliflor y 4 minutos para las coles de Bruselas. Escurrir y enfriar.
b) Combine el vinagre, el azúcar, la cebolla, el pimiento rojo picado y las especias en una cacerola grande. Lleve a ebullición y cocine a fuego lento durante 5 minutos.
c) Distribuya la cebolla y el pimiento cortado en cubitos entre los frascos. Llene los frascos calientes con las piezas y la solución de encurtido, dejando un espacio superior de 1/2 pulgada.
d) Retire las burbujas de aire y ajuste el espacio libre si es necesario. Limpie los bordes de los frascos con una toalla de papel limpia humedecida.

39. Ensalada de chayote y jícama

Ingredientes:
- 4 tazas de jícama en juliana
- 4 tazas de chayote en juliana
- 2 tazas de pimiento rojo picado
- 2 pimientos picantes picados
- 2-1/2 tazas de agua
- 2-1/2 tazas de vinagre de sidra (5%)
- 1/2 taza de azúcar blanca
- 3-1/2 cucharaditas de sal para conservas
- 1 cucharadita de semillas de apio (opcional)

Rendimiento: alrededor de 6 medias pintas

Direcciones:

a) Precaución: use guantes de plástico o de goma y no se toque la cara mientras manipula o corta pimientos picantes. Si no usa guantes, lávese bien las manos con agua y jabón antes de tocarse la cara o los ojos.

b) Lavar, pelar y cortar en juliana fina la jícama y el chayote, descartando la semilla del chayote. En un horno holandés u olla de 8 cuartos, combine todos los ingredientes excepto el chayote. Llevar a ebullición y hervir durante 5 minutos.

c) Reduzca el fuego a fuego lento y agregue el chayote. Vuelva a hervir y luego apague el fuego. Llene los sólidos calientes en frascos calientes de media pinta, dejando un espacio superior de 1/2 pulgada.

d) Cubra con líquido de cocción hirviendo, dejando un espacio superior de 1/2 pulgada.

e) Retire las burbujas de aire y ajuste el espacio libre si es necesario. Limpie los bordes de los frascos con una toalla de papel limpia humedecida.

40. Jícama en escabeche de pan con mantequilla

Ingredientes:
- 14 tazas de jícama en cubos
- 3 tazas de cebolla en rodajas finas
- 1 taza de pimiento rojo picado
- 4 tazas de vinagre blanco (5%)
- 4-1/2 tazas de azúcar
- 2 cucharadas de semilla de mostaza
- 1 cucharada de semilla de apio
- 1 cucharadita de cúrcuma molida

Rendimiento: alrededor de 6 pintas

Direcciones:

a) Combine el vinagre, el azúcar y las especias en un horno holandés de 12 cuartos o en una cacerola grande. Revuelva y lleve a ebullición. Agregue la jícama preparada, las rodajas de cebolla y el pimiento rojo. Vuelva a hervir, reduzca el fuego y cocine a fuego lento durante 5 minutos. Revuelva ocasionalmente.

b) Llene los sólidos calientes en frascos de una pinta caliente, dejando un espacio superior de 1/2 pulgada. Cubra con líquido de cocción hirviendo, dejando un espacio superior de 1/2 pulgada.

c) Retire las burbujas de aire y ajuste el espacio libre si es necesario. Limpie los bordes de los frascos con una toalla de papel limpia humedecida.

41. Champiñones enteros marinados

Ingredientes:
- 7 libras champiñones enteros pequeños
- 1/2 taza de jugo de limón embotellado
- 2 tazas de aceite de oliva o de ensalada
- 2-1/2 tazas de vinagre blanco (5%)
- 1 cucharada de hojas de orégano
- 1 cucharada de hojas de albahaca seca
- 1 cucharada de sal para enlatar o encurtir
- 1/2 taza de cebolla picada
- 1/4 taza de pimiento cortado en cubitos
- 2 dientes de ajo, cortados en cuartos
- 25 granos de pimienta negra

Rendimiento: alrededor de 9 medias pintas

Direcciones:

a) Seleccione champiñones sin abrir muy frescos con tapas de menos de 1-1/4 pulgada de diámetro. Lavar. Cortar los tallos, dejando 1/4 de pulgada adheridos a la tapa. Agregue jugo de limón y agua hasta cubrir. Hervirlo. Cocine a fuego lento 5 minutos. Escurrir los champiñones.

b) Mezcla el aceite de oliva, el vinagre, el orégano, la albahaca y la sal en una cacerola. Agregue las cebollas y el pimiento y caliente hasta que hierva.

c) Coloque 1/4 diente de ajo y 2-3 granos de pimienta en un frasco de media pinta. Llene los frascos calientes con champiñones y una solución de aceite y vinagre caliente y bien mezclada, dejando un espacio superior de 1/2 pulgada.

d) Retire las burbujas de aire y ajuste el espacio libre si es necesario. Limpie los bordes de los frascos con una toalla de papel limpia humedecida.

42. Quimbombó en escabeche

Ingredientes
- 7 libras pequeñas vainas de okra
- 6 pimientos picantes pequeños
- 4 cucharaditas de semillas de eneldo
- 8 a 9 dientes de ajo
- 2/3 taza de sal para enlatar o encurtir
- 6 tazas de agua
- 6 tazas de vinagre (5%)

Rendimiento: alrededor de 8 a 9 pintas

Direcciones:
- Lavar y recortar la okra. Llene los frascos calientes firmemente con okra entera, dejando un espacio superior de 1/2 pulgada. Coloque 1 diente de ajo en cada frasco.
- Combine la sal, los pimientos picantes, las semillas de eneldo, el agua y el vinagre en una cacerola grande y hierva. Vierta la solución de decapado caliente sobre la okra, dejando un espacio superior de 1/2 pulgada.
- Retire las burbujas de aire y ajuste el espacio libre si es necesario. Limpie los bordes de los frascos con una toalla de papel limpia humedecida.

43. cebollas perla en escabeche

Ingredientes:
- 8 tazas de cebollas perla blancas peladas
- 5-1/2 tazas de vinagre blanco (5%)
- 1 taza de agua
- 2 cucharaditas de sal para conservas
- 2 tazas de azúcar
- 8 cucharaditas de semillas de mostaza
- 4 cucharaditas de semilla de apio

Rendimiento: alrededor de 3 a 4 pintas

Direcciones:
a) Para pelar las cebollas, coloque unas pocas a la vez en una canasta de malla de alambre o colador, sumérjalas en agua hirviendo durante 30 segundos, luego retírelas y colóquelas en agua fría durante 30 segundos. Corte una rodaja de 1/16 de pulgada del extremo de la raíz, luego quite la cáscara y corte 1/16 de pulgada del otro extremo de la cebolla.
b) Combine el vinagre, el agua, la sal y el azúcar en un horno holandés o una olla sopera de 8 cuartos. Llevar a ebullición y hervir 3 minutos.
c) Agregue las cebollas peladas y vuelva a hervir. Reduzca el fuego a fuego lento y caliente hasta que esté medio cocido (unos 5 minutos).
d) Mientras tanto, coloque 2 cucharaditas de semillas de mostaza y 1 cucharadita de semillas de apio en cada Tarrora de pinta caliente vacía. Rellene con cebollas calientes, dejando un espacio superior de 1 pulgada. Llene con líquido decapante caliente, dejando un espacio superior de 1/2 pulgada.
e) Retire las burbujas de aire y ajuste el espacio libre si es necesario. Limpie los bordes de los frascos con una toalla de papel limpia humedecida.

44. pimientos marinados

Ingredientes:
- Bell, húngaro, plátano o jalapeño
- 4 libras pimientos firmes
- 1 taza de jugo de limón embotellado
- 2 tazas de vinagre blanco (5%)
- 1 cucharada de hojas de orégano
- 1 taza de aceite de oliva o de ensalada
- 1/2 taza de cebolla picada
- 2 dientes de ajo, en cuartos (opcional)
- 2 cucharadas de rábano picante preparado (opcional)

Rendimiento: alrededor de 9 medias pintas

Direcciones:

a) Selecciona tu pimiento favorito. Precaución: si elige pimientos picantes, use guantes de plástico o de goma y no se toque la cara mientras manipula o corta pimientos picantes.
b) Lave, corte de dos a cuatro hendiduras en cada pimiento y blanquee en agua hirviendo o abra ampollas en los pimientos picantes de piel dura utilizando uno de estos dos métodos:
c) Método de horno o asador para ampollar la piel: coloque los pimientos en un horno caliente (400 °F) o debajo de un asador durante 6 a 8 minutos hasta que la piel se ampolle.
d) Método de estufa para ampollar la piel: cubra el quemador caliente (ya sea de gas o eléctrico) con una malla de alambre grueso.
e) Coloque los pimientos en el quemador durante varios minutos hasta que la piel se ampolle.
f) Después de ampollar la piel, coloque los pimientos en una sartén y cúbralos con un paño húmedo. (Esto hará que pelar los pimientos sea más fácil). Deje enfriar varios minutos; cáscara de pieles. Aplane los pimientos enteros.
g) Mezcle todos los ingredientes restantes en una cacerola y caliente hasta que hierva. Coloque 1/4 de diente de ajo (opcional) y 1/4 de cucharadita de sal en cada Tarrora caliente de media pinta o 1/2 cucharadita por pinta. Llene los frascos calientes con pimientos. Agregue una solución caliente y bien mezclada de aceite/encurtido sobre los pimientos, dejando un espacio superior de 1/2 pulgada.
h) Retire las burbujas de aire y ajuste el espacio libre si es necesario. Limpie los bordes de los frascos con una toalla de papel limpia humedecida.

45. pimientos morrones en escabeche

Ingredientes:
- 7 libras Pimientos
- 3-1/2 tazas de azúcar
- 3 tazas de vinagre (5%)
- 3 tazas de agua
- 9 dientes de ajo
- 4-1/2 cucharaditas de sal para enlatar o encurtir

Rendimiento: Alrededor de 9 pintas

Direcciones:

a) Lave los pimientos, córtelos en cuartos, retire los corazones y las semillas y corte las imperfecciones. Cortar los pimientos en tiras. Hervir el azúcar, el vinagre y el agua durante 1 minuto.

b) Añadir los pimientos y llevar a ebullición. Coloque 1/2 diente de ajo y 1/4 de cucharadita de sal en cada frasco esterilizado caliente de media pinta; duplique las cantidades para los tarros de una pinta.

c) Agregue tiras de pimiento y cubra con la mezcla de vinagre caliente, dejando 1/2 pulgada

46. pimientos picantes en escabeche

Ingredientes:
- húngaro, plátano, chile, jalapeño
- 4 libras pimientos picantes largos rojos, verdes o amarillos
- 3 libras pimientos dulces rojos y verdes, mezclados
- 5 tazas de vinagre (5%)
- 1 taza de agua
- 4 cucharaditas de sal para enlatar o encurtir
- 2 cucharadas de azúcar
- 2 dientes de ajo

Rendimiento: Alrededor de 9 pintas

Direcciones:

a) Precaución: use guantes de plástico o de goma y no se toque la cara mientras manipula o corta pimientos picantes. Si no usa guantes, lávese bien las manos con agua y jabón antes de tocarse la cara o los ojos.

b) Lave los pimientos. Si los pimientos pequeños se dejan enteros, corte de 2 a 4 hendiduras en cada uno. Cuarto de pimientos grandes.

c) Blanquee en agua hirviendo o ampolla la piel de los pimientos picantes de piel dura usando uno de estos dos métodos:

d) Método de horno o asador para ampollar la piel: coloque los pimientos en un horno caliente (400 °F) o debajo de un asador durante 6 a 8 minutos hasta que la piel se ampolle.

e) Método de estufa para ampollar la piel: cubra el quemador caliente (ya sea de gas o eléctrico) con una malla de alambre grueso.

f) Coloque los pimientos en el quemador durante varios minutos hasta que la piel se ampolle.

g) Después de ampollar la piel, coloque los pimientos en una sartén y cúbralos con un paño húmedo. (Esto hará que pelar los pimientos sea más fácil). Deje enfriar varios minutos; cáscara de pieles. Aplane los pimientos pequeños. Cuarto de pimientos grandes. Llene los frascos calientes con pimientos, dejando un espacio superior de 1/2 pulgada.

h) Combine y caliente otros ingredientes hasta que hiervan y cocine a fuego lento durante 10 minutos. Retire el ajo. Agregue la solución de encurtido caliente sobre los pimientos, dejando un espacio superior de 1/2 pulgada.

i) Retire las burbujas de aire y ajuste el espacio libre si es necesario. Limpie los bordes de los frascos con una toalla de papel limpia humedecida.

47. Aros de chile jalapeño en escabeche

Ingredientes:
- 3 libras chiles jalapeños
- 1-1/2 tazas de lima para encurtir
- 1-1/2 galones de agua
- 7-1/2 tazas de vinagre de sidra (5%)
- 1-3/4 tazas de agua
- 2-1/2 cucharadas de sal para conservas
- 3 cucharadas de semilla de apio
- 6 cucharadas de semilla de mostaza

Rendimiento: alrededor de 6 tarros de pinta

Direcciones:

- Precaución: use guantes de plástico o de goma y no se toque la cara mientras manipula o corta pimientos picantes.
- Lave bien los pimientos y córtelos en rodajas de 1/4 de pulgada de grosor. Deseche el extremo del tallo.
- Mezcle 1-1/2 tazas de lima para decapado con 1-1/2 galones de agua en un recipiente de acero inoxidable, vidrio o plástico apto para uso alimentario. Evite inhalar el polvo de cal mientras mezcla la solución de cal y agua.
- Remoje las rodajas de pimiento en el agua de limón, en el refrigerador, durante 18 horas, revolviendo ocasionalmente (se pueden usar de 12 a 24 horas). Drene la solución de limón de los anillos de pimiento empapados.
- Enjuague los pimientos suavemente pero a fondo con agua. Cubra los aros de pimiento con agua fresca y fría y déjelos en remojo en el refrigerador durante 1 hora. Escurrir el agua de los pimientos. Repita los pasos de enjuague, remojo y drenaje dos veces más. Escurrir bien al final.
- Coloque 1 cucharada de semillas de mostaza y 1-1/2 cucharaditas de semillas de apio en el fondo de cada Tarrora de pinta caliente. Empaque los aros de pimienta escurridos en los frascos, dejando un espacio superior de 1/2 pulgada. Pon a hervir vinagre de sidra, 1-3/4 tazas de agua y sal para conservas a fuego alto. Vierta la solución de salmuera caliente hirviendo sobre los aros de pimienta en los frascos, dejando un espacio superior de 1/2 pulgada.
- Retire las burbujas de aire y ajuste el espacio libre si es necesario. Limpie los bordes de los frascos con una toalla de papel limpia humedecida.

48. Aros de pimiento amarillo en escabeche

Ingredientes:
- 2-1/2 a 3 libras. pimientos amarillos (plátano)
- 2 cucharadas de semilla de apio
- 4 cucharadas de semilla de mostaza
- 5 tazas de vinagre de sidra (5%)
- 1-1/4 tazas de agua
- 5 cucharaditas de sal para conservas

Rendimiento: alrededor de 4 pintas

Direcciones:

a) Lave bien los pimientos y retire el extremo del tallo; corte los pimientos en aros de 1/4 de pulgada de grosor. Coloque 1/2 cucharada de semillas de apio y 1 cucharada de semillas de mostaza en el fondo de cada frasco de pinta caliente vacío.

b) Rellene los aros de pimienta en los frascos, dejando un espacio superior de 1/2 pulgada. En una cacerola o horno holandés de 4 cuartos, combine el vinagre de sidra, el agua y la sal; calentar hasta hervir. Cubra los aros de pimiento con líquido de encurtido hirviendo, dejando un espacio superior de 1/2 pulgada.

c) Retire las burbujas de aire y ajuste el espacio libre si es necesario. Limpie los bordes de los frascos con una toalla de papel limpia humedecida.

49. Tomates verdes dulces en escabeche

Ingredientes:

- 10 a 11 libras de tomates verdes
- 2 tazas de cebollas rebanadas
- 1/4 taza de sal para enlatar o encurtir
- 3 tazas de azúcar moreno
- 4 tazas de vinagre (5%)
- 1 cucharada de semilla de mostaza
- 1 cucharada de pimienta de Jamaica
- 1 cucharada de semilla de apio
- 1 cucharada de clavo entero

Rendimiento: Alrededor de 9 pintas

Direcciones:

a) Lave y corte los tomates y las cebollas. Coloque en un tazón, espolvoree con 1/4 taza de sal y deje reposar de 4 a 6 horas. Drenar. Caliente y revuelva el azúcar en vinagre hasta que se disuelva.

b) Ate la semilla de mostaza, la pimienta de Jamaica, la semilla de apio y el clavo en una bolsa de especias. Añadir al vinagre con tomates y cebollas. Si es necesario, agregue un mínimo de agua para cubrir las piezas. Deje hervir y cocine a fuego lento durante 30 minutos, revolviendo según sea necesario para evitar que se queme. Los tomates deben estar tiernos y transparentes cuando se cocinan adecuadamente.

c) Retire la bolsa de especias. Llene el frasco caliente con sólidos y cubra con solución de decapado caliente, dejando un espacio libre de 1/2 pulgada.

d) Retire las burbujas de aire y ajuste el espacio libre si es necesario. Limpie los bordes de los frascos con una toalla de papel limpia humedecida.

50. Verduras mixtas en escabeche

Ingredientes:
- 4 libras de pepinos para encurtir de 4 a 5 pulgadas
- 2 libras. cebollas pequeñas peladas y cortadas en cuartos
- 4 tazas de apio cortado (piezas de 1 pulgada)
- 2 tazas de zanahorias peladas y cortadas (piezas de 1/2 pulgada)
- 2 tazas de pimientos rojos dulces cortados (piezas de 1/2 pulgada)
- 2 tazas de floretes de coliflor
- 5 tazas de vinagre blanco (5%)
- 1/4 taza de mostaza preparada
- 1/2 taza de sal para enlatar o encurtir
- 3-1/2 tazas de azúcar
- 3 cucharadas de semilla de apio
- 2 cucharadas de semilla de mostaza
- 1/2 cucharaditas de clavo entero
- 1/2 cucharaditas de cúrcuma molida

Rendimiento: alrededor de 10 pintas

Direcciones:

a) Combine las verduras, cubra con 2 pulgadas de hielo picado o en cubos y refrigere de 3 a 4 horas. En una tetera de 8 cuartos, combine el vinagre y la mostaza y mezcle bien. Agregue sal, azúcar, semilla de apio, semilla de mostaza, clavo, cúrcuma. Llevar a ebullición. Escurra las verduras y agréguelas a la solución de encurtido caliente.

b) Tapar y llevar a ebullición lentamente. Escurra las verduras pero guarde la solución de encurtido. Llene las verduras en frascos de una pinta calientes y estériles, o cuartos de galón calientes, dejando un espacio superior de 1/2 pulgada. Agregue la solución de decapado, dejando un espacio superior de 1/2 pulgada.

c) Retire las burbujas de aire y ajuste el espacio libre si es necesario. Limpie los bordes de los frascos con una toalla de papel limpia humedecida.

51. Calabacines encurtidos con pan y mantequilla

Ingredientes:
- 16 tazas de calabacín fresco, en rodajas
- 4 tazas de cebollas, en rodajas finas
- 1/2 taza de sal para enlatar o encurtir
- 4 tazas de vinagre blanco (5%)
- 2 tazas de azúcar
- 4 cucharadas de semilla de mostaza
- 2 cucharadas de semilla de apio
- 2 cucharaditas de cúrcuma molida

Rendimiento: alrededor de 8 a 9 pintas

Direcciones:

c) Cubra las rodajas de calabacín y cebolla con 1 pulgada de agua y sal. DeTarro reposar 2 horas y escurrir bien. Combina vinagre, azúcar y especias. Llevar a ebullición y agregar el calabacín y la cebolla. Cocine a fuego lento durante 5 minutos y llene los frascos calientes con la mezcla y la solución para encurtir, dejando un espacio superior de 1/2 pulgada.

d) Retire las burbujas de aire y ajuste el espacio libre si es necesario. Limpie los bordes de los frascos con una toalla de papel limpia humedecida.

52. Salsa de chayote y pera

Ingredientes:
- 3-1/2 tazas de chayote pelado y cortado en cubos
- 3-1/2 tazas de peras Seckel peladas y en cubos
- 2 tazas de pimiento rojo picado
- 2 tazas de pimiento amarillo picado
- 3 tazas de cebolla picada
- 2 chiles serranos picados
- 2-1/2 tazas de vinagre de sidra (5%)
- 1-1/2 tazas de agua
- 1 taza de azúcar blanca
- 2 cucharaditas de sal para conservas
- 1 cucharadita de pimienta de Jamaica molida
- 1 cucharadita de especias para pastel de calabaza molidas

Rendimiento: alrededor de 5 pintas

Direcciones:

a) Lave, pele y corte el chayote y las peras en cubos de 1/2 pulgada, desechando los corazones y las semillas. Picar las cebollas y los pimientos. Combine el vinagre, el agua, el azúcar, la sal y las especias en un horno holandés o una cacerola grande. Llevar a ebullición, revolviendo para disolver el azúcar.

b) Agrega las cebollas y los pimientos picados; vuelva a hervir y hierva durante 2 minutos, revolviendo ocasionalmente.

c) Agrega el chayote en cubos y las peras; volver al punto de ebullición y apagar el fuego. Llene los sólidos calientes en frascos de una pinta caliente, dejando un espacio superior de 1 pulgada. Cubra con líquido de cocción hirviendo, dejando 1/2 pulgada de espacio superior.

d) Retire las burbujas de aire y ajuste el espacio libre si es necesario. Limpie los bordes de los frascos con una toalla de papel limpia humedecida.

53. Piccalilli

Ingredientes:

- 6 tazas de tomates verdes picados
- 1-1/2 tazas de pimientos rojos dulces picados
- 1-1/2 tazas de pimientos verdes picados
- 2-1/4 tazas de cebolla picada
- 7-1/2 tazas de repollo picado
- 1/2 taza de sal para enlatar o encurtir
- 3 cucharadas de especias para encurtir mezcladas enteras
- 4-1/2 tazas de vinagre (5%)
- 3 tazas de azúcar moreno

Rendimiento: alrededor de 9 medias pintas

Direcciones:

a) Lave, pique y combine las verduras con 1/2 taza de sal. Cubrir con agua caliente y deTarro reposar 12 horas. Escurrir y presionar en un paño blanco limpio para eliminar todo el líquido posible. Ate las especias sin apretar en una bolsa de especias y agréguelas al vinagre combinado y el azúcar moreno y caliente hasta que hierva en una cacerola.

b) Agregue las verduras y hierva suavemente durante 30 minutos o hasta que el volumen de la mezcla se reduzca a la mitad. Retire la bolsa de especias.

c) Llene los frascos estériles calientes con la mezcla caliente, dejando un espacio superior de 1/2 pulgada.

d) Retire las burbujas de aire y ajuste el espacio libre si es necesario. Limpie los bordes de los frascos con una toalla de papel limpia humedecida.

54. condimento de pepinillo

Ingredientes:
- 3 cuartos de pepinos picados
- 3 tazas de pimientos dulces verdes y rojos picados
- 1 taza de cebollas picadas
- 3/4 taza de sal para enlatar o encurtir
- 4 tazas de hielo
- 8 tazas de agua
- 2 tazas de azúcar
- 4 cucharaditas de semillas de mostaza, cúrcuma, pimienta de Jamaica entera y clavo de olor entero
- 6 tazas de vinagre blanco (5%)

Rendimiento: Alrededor de 9 pintas

Direcciones:
a) Agregue pepinos, pimientos, cebollas, sal y hielo al agua y deje reposar durante 4 horas. Escurra y vuelva a cubrir las verduras con agua helada fresca durante otra hora. Escurrir de nuevo.
b) Combine las especias en una bolsa de especias o de gasa. Agregue especias al azúcar y al vinagre. Caliente hasta que hierva y vierta la mezcla sobre las verduras.
c) Cubra y refrigere 24 horas. Caliente la mezcla hasta que hierva y esté muy caliente en frascos calientes, dejando un espacio superior de 1/2 pulgada.
d) Retire las burbujas de aire y ajuste el espacio libre si es necesario. Limpie los bordes de los frascos con una toalla de papel limpia humedecida.

55. Salsa de maíz en escabeche

Ingredientes:
- 10 tazas de maíz en grano entero fresco
- 2-1/2 tazas de pimientos rojos dulces cortados en cubitos
- 2-1/2 tazas de pimientos verdes dulces cortados en cubitos
- 2-1/2 tazas de apio picado
- 1-1/4 tazas de cebollas picadas
- 1-3/4 tazas de azúcar
- 5 tazas de vinagre (5%)
- 2-1/2 cucharadas de sal para enlatar o encurtir
- 2-1/2 cucharaditas de semilla de apio
- 2-1/2 cucharadas de mostaza seca
- 1-1/4 cucharaditas de cúrcuma

Rendimiento: Alrededor de 9 pintas

Direcciones:
a) Hervir las mazorcas de maíz 5 minutos. Sumergir en agua fría. Corte los granos enteros de la mazorca o use seis paquetes congelados de maíz de 10 onzas.
b) Combine los pimientos, el apio, las cebollas, el azúcar, el vinagre, la sal y las semillas de apio en una cacerola.
c) Lleve a ebullición y cocine a fuego lento durante 5 minutos, revolviendo ocasionalmente. Mezcle la mostaza y la cúrcuma en 1/2 taza de la mezcla hervida a fuego lento. Agregue esta mezcla y el maíz a la mezcla caliente.
d) Cocine a fuego lento otros 5 minutos. Llene los frascos calientes con la mezcla caliente, dejando un espacio superior de 1/2 pulgada.
e) Retire las burbujas de aire y ajuste el espacio libre si es necesario. Limpie los bordes de los frascos con una toalla de papel limpia humedecida.

56. Salsa de tomate verde en escabeche

Ingredientes:
- 10 libras tomates verdes pequeños y duros
- 1-1/2 libras pimientos rojos
- 1-1/2 libras pimientos verdes
- 2 libras. cebollas
- 1/2 taza de sal para enlatar o encurtir
- 1 litro de agua
- 4 tazas de azúcar
- 1 cuarto de vinagre (5%)
- 1/3 taza de mostaza amarilla preparada
- 2 cucharadas de maicena

Rendimiento: Alrededor de 7 a 9 pintas

Direcciones:
a) Lavar y rallar o picar en trozos grandes los tomates, los pimientos y las cebollas. Disuelva la sal en agua y viértala sobre las verduras en una tetera grande.
b) Caliente hasta que hierva y cocine a fuego lento durante 5 minutos. Escurrir en colador. Regrese las verduras al hervidor.
c) Agrega el azúcar, el vinagre, la mostaza y la maicena. Revuelva para mezclar. Caliente hasta que hierva y cocine a fuego lento durante 5 minutos.
d) Llene los frascos de una pinta estériles calientes con condimento caliente, dejando un espacio superior de 1/2 pulgada.
e) Retire las burbujas de aire y ajuste el espacio libre si es necesario. Limpie los bordes de los frascos con una toalla de papel limpia humedecida.

57. Salsa de rábano picante en escabeche

Ingredientes:
- 2 tazas (3/4 lb) de rábano picante recién rallado
- 1 taza de vinagre blanco (5%)
- 1/2 cucharadita de sal para enlatar o encurtir
- 1/4 cucharaditas de ácido ascórbico en polvo

Direcciones:

a) La acritud del rábano picante fresco se desvanece en 1 a 2 meses, incluso cuando se refrigera. Por lo tanto, haga solo pequeñas cantidades a la vez.

b) Lave bien las raíces de rábano picante y pele la piel exterior marrón. Las raíces peladas se pueden rallar en un procesador de alimentos o cortar en cubos pequeños y pasar por un molinillo de alimentos.

c) Combine los ingredientes y llénelos en frascos estériles, dejando un espacio superior de 1/4 de pulgada.

d) Cierra bien los frascos y guárdalos en el refrigerador.

58. Condimento de pimiento y cebolla en escabeche

Ingredientes:

- 6 tazas de cebolla picada
- 3 tazas de pimientos rojos dulces picados
- 3 tazas de pimientos verdes picados
- 1-1/2 tazas de azúcar
- 6 tazas de vinagre (5%), preferiblemente blanco destilado
- 2 cucharadas de sal para enlatar o encurtir

Rendimiento: alrededor de 9 medias pintas

Direcciones:

a) Lavar y picar las verduras. Combine todos los ingredientes y hierva suavemente hasta que la mezcla se espese y el volumen se reduzca a la mitad (unos 30 minutos).
b) Llene los frascos estériles calientes con condimento caliente, dejando un espacio superior de 1/2 pulgada y cierre herméticamente.
c) Almacene en el refrigerador y use dentro de un mes.

59. Condimento picante de jícama

Ingredientes:
- 9 tazas de jícama picada
- 1 cucharada de especias para encurtir mezcladas enteras
- 1 rama de canela de dos pulgadas
- 8 tazas de vinagre blanco (5%)
- 4 tazas de azúcar
- 2 cucharaditas de pimiento rojo triturado
- 4 tazas de pimiento amarillo cortado en cubitos
- 4-1/2 tazas de pimiento rojo cortado en cubitos
- 4 tazas de cebolla picada
- 2 pimientos picantes frescos

Rendimiento: alrededor de 7 tarros de pinta

Direcciones:

a) Precaución: use guantes de plástico o de goma y no se toque la cara mientras manipula o corta pimientos picantes. Lave, pele y corte la jícama; dado.

b) Coloque las especias para encurtir y la canela en una pieza limpia de doble capa de 6 pulgadas cuadradas de gasa 100% algodón.

c) Junte las esquinas y átelas con una cuerda limpia.

d) En un horno holandés o una cacerola de 4 cuartos, combine la bolsa de especias para encurtir, el vinagre, el azúcar y el pimiento rojo triturado. Llevar a ebullición, revolviendo para disolver el azúcar. Agregue la jícama picada, los pimientos dulces, la cebolla y los fingerhots. Regrese la mezcla a ebullición.

e) Reduzca el fuego y cocine a fuego lento, tapado, a fuego medio-bajo durante unos 25 minutos. Deseche la bolsa de especias. Llene los frascos de salsa caliente, dejando un espacio libre de 1/2 pulgada. Cubra con líquido decapado caliente, dejando un espacio superior de 1/2 pulgada.

f) Retire las burbujas de aire y ajuste el espacio libre si es necesario. Limpie los bordes de los frascos con una toalla de papel limpia humedecida.

60. Condimento picante de tomatillo

Ingredientes:

- 12 tazas de tomatillos picados
- 3 tazas de jícama picada
- 3 tazas de cebolla picada
- 6 tazas de tomates tipo ciruela picados
- 1-1/2 tazas de pimiento verde picado
- 1-1/2 tazas de pimiento rojo picado
- 1-1/2 tazas de pimiento amarillo picado
- 1 taza de sal para conservas
- 2 cuartos de agua
- 6 cucharadas de especias para encurtir mezcladas enteras
- 1 cucharada de hojuelas de pimiento rojo triturado (opcional)
- 6 tazas de azúcar
- 6-1/2 tazas de vinagre de sidra (5%)

Rendimiento: Unas 6 o 7 pintas

Direcciones:

a) Retire las cáscaras de los tomatillos y lávelos bien. Pelar la jícama y la cebolla. Lave bien todas las verduras antes de cortarlas y picarlas.

b) Coloque los tomatillos picados, la jícama, la cebolla, los tomates y todos los pimientos en una cacerola o cacerola de 4 cuartos de galón. Disolver sal para conservas en agua. Vierta sobre las verduras preparadas. Caliente hasta que hierva; cocine a fuego lento 5 minutos.

c) Escurra completamente a través de un colador forrado con gasa (hasta que no gotee más agua, alrededor de 15 a 20 minutos).

d) Coloque las especias para encurtir y las hojuelas de pimiento rojo opcionales en una pieza limpia de doble capa de 6 pulgadas cuadradas

61. Remolachas en escabeche sin azúcar añadido

Ingredientes:
- 7 libras de remolachas de 2 a 2-1/2 pulgadas de diámetro
- 4 a 6 cebollas (de 2 a 2-1/2 pulgadas de diámetro), si lo desea
- 6 tazas de vinagre blanco (5 por ciento)
- 1-1/2 cucharaditas de sal para enlatar o encurtir
- 2 tazas de Splenda
- 3 tazas de agua
- 2 palitos de canela
- 12 dientes enteros

Rendimiento: Alrededor de 8 pintas

Direcciones:

a) Recorte las puntas de las remolachas, dejando 1 pulgada de tallo y raíces para evitar que pierda el color. Lávese bien. Ordenar por tamaño.

b) Cubra tamaños similares junto con agua hirviendo y cocine hasta que estén tiernos (alrededor de 25 a 30 minutos). Precaución: Drene y deseche el líquido. Remolachas frescas.

c) Recorte de raíces y tallos y deslizamiento de pieles. Cortar en rodajas de 1/4 de pulgada. Pelar, lavar y cortar en rodajas finas las cebollas.

d) Combine el vinagre, la sal, Splenda® y 3 tazas de agua fresca en un horno holandés grande. Ate los palitos de canela y los clavos en una bolsa de gasa y agréguelos a la mezcla de vinagre.

e) Llevar a ebullición. Agregue las remolachas y las cebollas. Hervir a fuego lento

f) 5 minutos. Retire la bolsa de especias. Llene las remolachas calientes y las rodajas de cebolla en frascos de una pinta caliente, dejando un espacio superior de 1/2 pulgada. Cubra con una solución de vinagre hirviendo, dejando un espacio superior de 1/2 pulgada.

g) Retire las burbujas de aire y ajuste el espacio libre si es necesario. Limpie los bordes de los frascos con una toalla de papel limpia humedecida.

62. pepino encurtido dulce

Ingredientes:
- 3-1/2 libras de pepinos encurtidos
- agua hirviendo para cubrir los pepinos en rodajas
- 4 tazas de vinagre de sidra (5%)
- 1 taza de agua
- 3 tazas de Splenda®
- 1 cucharada de sal para conservas
- 1 cucharada de semilla de mostaza
- 1 cucharada de pimienta de Jamaica entera
- 1 cucharada de semilla de apio
- 4 palitos de canela de una pulgada

Rendimiento: alrededor de 4 o 5 tarros de pinta

Direcciones:

a) Lave los pepinos. Rebane 1/16 de pulgada de los extremos de las flores y deséchelos. Cortar los pepinos en rodajas de 1/4 de pulgada de grosor. Vierta agua hirviendo sobre las rodajas de pepino y deje reposar de 5 a 10 minutos.

b) Escurra el agua caliente y vierta agua fría sobre los pepinos. Deje correr agua fría continuamente sobre las rodajas de pepino, o cambie el agua con frecuencia hasta que los pepinos se enfríen. Escurra bien las rebanadas.

c) Mezcle vinagre, 1 taza de agua, Splenda® y todas las especias en un horno holandés o una olla sopera de 10 cuartos. Llevar a ebullición. Agregue las rodajas de pepino escurridas con cuidado al líquido hirviendo y vuelva a hervir.

d) Coloque un palito de canela en cada frasco caliente vacío, si lo desea. Rellene las rebanadas de pepinillos calientes en frascos de una pinta caliente, dejando un espacio superior de 1/2 pulgada. Cubrir con salmuera hirviendo, dejando 1/2 pulgada de espacio superior.

e) Retire las burbujas de aire y ajuste el espacio libre si es necesario. Limpie los bordes de los frascos con una toalla de papel limpia humedecida.

63. Encurtidos de eneldo en rodajas

Ingredientes:
- 4 libras (3 a 5 pulgadas) de pepinos para encurtir
- 6 tazas de vinagre (5%)
- 6 tazas de azúcar
- 2 cucharadas de sal para enlatar o encurtir
- 1-1/2 cucharaditas de semillas de apio
- 1-1/2 cucharaditas de semillas de mostaza
- 2 cebollas grandes, en rodajas finas
- 8 cabezas de eneldo fresco

Rendimiento: Alrededor de 8 pintas

Direcciones:
a) Lave los pepinos. Corte una rebanada de 1/16 de pulgada del extremo de la flor y deséchela. Corte los pepinos en rodajas de 1/4 de pulgada. Combine el vinagre, el azúcar, la sal, el apio y las semillas de mostaza en una cacerola grande. Lleve la mezcla a ebullición.
b) Coloque 2 rebanadas de cebolla y 1/2 cabeza de eneldo en el fondo de cada Tarrora de pinta caliente. Llene los frascos calientes con rodajas de pepino, dejando un espacio superior de 1/2 pulgada.
c) Agregue 1 rodaja de cebolla y 1/2 cabeza de eneldo encima. Vierta la solución de encurtido caliente sobre los pepinos, dejando un espacio superior de 1/4 de pulgada.
d) Retire las burbujas de aire y ajuste el espacio libre si es necesario. Limpie los bordes de los frascos con una toalla de papel limpia humedecida.

64. Encurtidos dulces en rodajas

Ingredientes:
- 4 libras (3 a 4 pulgadas) de pepinos para encurtir

Solución de salmuera:
- 1 cuarto de vinagre blanco destilado (5%)
- 1 cucharada de sal para enlatar o encurtir
- 1 cucharada de semilla de mostaza
- 1/2 taza de azúcar

Tarroabe para conservas:
- 1-2/3 tazas de vinagre blanco destilado (5%)
- 3 tazas de azúcar
- 1 cucharada de pimienta de Jamaica entera
- 2-1/4 cucharaditas de semillas de apio

Rendimiento: alrededor de 4 a 5 pintas

Direcciones:
- Lave los pepinos y corte 1/16 de pulgada del extremo de la flor y deséchelos. Corta los pepinos en rodajas de 1/4 de pulgada. Combine todos los ingredientes para el Tarroabe de enlatado en una cacerola y lleve a ebullición. Mantenga el Tarroabe caliente hasta que lo use.
- En una tetera grande, mezcle los ingredientes para la solución de salmuera. Agregue los pepinos cortados, cubra y cocine a fuego lento hasta que los pepinos cambien de color de verde brillante a verde opaco (alrededor de 5 a 7 minutos). Escurrir las rodajas de pepino.
- Llene los frascos calientes y cúbralos con Tarroabe para conservas caliente dejando un espacio superior de 1/2 pulgada.
- Retire las burbujas de aire y ajuste el espacio libre si es necesario. Limpie los bordes de los frascos con una toalla de papel limpia humedecida.

65. Kraut de limón y eneldo

Ingredientes:
- 1 cabeza de repollo blanco firme, en rodajas finas
- 2 a 3 cucharaditas de sal marina (1,5 %)
- 2 cucharadas de jugo de limón
- 1 cucharada de eneldo seco
- 2 -3 dientes de ajo, finamente rallado

Direcciones:
a) Lave su repollo y reserve una de las hojas exteriores para colocar encima de su kraut.
b) Cortar la col en cuartos, quitar el corazón y triturar finamente. Siga las instrucciones anteriores para el chucrut normal, agregando el jugo de limón y el eneldo seco con la sal.
c) Exprima y masajee el repollo hasta que esté brillante y haya un pequeño charco de líquido en el fondo del tazón, luego mezcle el ajo.

66. kimchi chino

Ingredientes:
- 1 cabeza de napa o col china, picada
- 3 zanahorias, ralladas
- 1 rábano daikon grande, rallado o una taza de rábanos rojos pequeños, en rodajas finas
- 1 cebolla grande, picada
- 1/4 taza de hojuelas de alga dulse o nori
- 1 cucharada de hojuelas de chile
- 1 cucharada de ajo picado
- 1 cucharada de jengibre fresco picado
- 1 cucharada de semillas de sésamo
- 1 cucharada de azúcar
- 2 cucharaditas de sal marina de buena calidad
- 1 cucharadita de salsa de pescado

Direcciones:

a) Simplemente mezcle todos los ingredientes en un tazón grande y déjelo reposar durante 30 minutos.
b) Empaque la mezcla en un tarro de cristal grande o en 2 tarros más pequeños. Presiónalo hacia abajo con firmeza.
c) Cubra con una bolsa Ziploc llena de agua para mantener el oxígeno fuera y mantener las verduras sumergidas bajo la salmuera.
d) Coloque la tapa sin apretar y déjela fermentar durante al menos 3 días. Pruébelo después de 3 días y decida si sabe lo suficientemente amargo. Es una cuestión de gusto personal, ¡así que sigue intentándolo hasta que te guste!
e) Una vez que esté satisfecho con el sabor, puede guardar el kimchi en el refrigerador donde se mantendrá felizmente durante meses, ¡si es que dura tanto!

67. Palitos de zanahoria fermentados

Ingredientes:
- 6 zanahorias orgánicas, lavadas y cortadas en palitos
- Solución de salmuera al 2 % (20 g de sal marina disuelta en 1 litro de agua filtrada)
- Unos dientes de ajo, rodajas de limón, granos de pimienta negra, hojas de laurel o eneldo

Direcciones:
a) Envasa bien las zanahorias en un frasco de vidrio limpio de 1 litro, junto con cualquier otro condimento de la lista de ingredientes. Vierta la salmuera hasta 2,5 cm de la parte superior del frasco.
b) Si las zanahorias flotan por encima del nivel del líquido, puede usar una bolsa Ziploc llena de salmuera para pesarlas y mantenerlas sumergidas de manera segura.
c) Deje fermentar a temperatura ambiente, fuera de la luz solar directa, durante al menos una semana, pero preferiblemente dos semanas. La salmuera comenzará a verse turbia, lo que indica que la fermentación se desarrolla normalmente. También deberías ver algunas burbujas si agitas suavemente el frasco.
d) Una vez que esté satisfecho con el sabor y la textura, muévalos a la nevera, ¡donde se mantendrán felizmente durante unos meses!

68. Zanahorias con un toque indio

(Hace una Tarrora de 1 litro)

Ingredientes:
- 1 kg de zanahorias, peladas y ralladas
- 1 nuez de jengibre fresco, pelado y rallado
- 2 cucharaditas de hojuelas de chile
- 2 cucharaditas de fenogreco
- 2 cucharaditas de semillas de mostaza
- 1 cucharadita de cúrcuma molida
- 1 cucharada de sal marina

Direcciones:

a) Coloque las zanahorias en un tazón y espolvoree con la sal marina.
b) Exprima y masajee la mezcla para liberar un poco de salmuera. Las zanahorias deben comenzar a marchitarse y humedecerse.
c) ¡Agregue las especias y mezcle con una cuchara de madera, no con las manos o la cúrcuma las manchará de naranja!
d) Empaque la mezcla en un frasco de vidrio limpio de 1 litro, presionando firmemente cada puñado para asegurarse de que no quede aire atrapado. Deje un espacio superior de 2,5 cm en la parte superior del frasco y asegúrese de que las zanahorias estén completamente sumergidas en la salmuera.
e) Cierra la tapa y deja fermentar de 5 a 7 días a temperatura ambiente.
f) Guarde el frasco en el refrigerador y utilícelo dentro de los 6 meses.

69. Bombas de rábano

(Hace una Tarrora de 1 litro)

Ingredientes:
- 400 g de rábanos, sin tapas
- 1 o 2 cucharaditas de especias para encurtir o hinojo
- 15g/1 cucharada de sal marina
- 10 g / 2 cucharaditas de azúcar en polvo
- 1 litro de agua filtrada
- 1 cebolla roja en rodajas o 5 cebolletas
- 3 rodajas de jengibre fresco
- 2 o 3 rodajas grandes de limón
- 3 o 4 dientes de ajo machacados
- 1 cucharadita o más de hojuelas de chile seco, dependiendo de qué tan picante te guste

Direcciones:
a) Prepara la salmuera disolviendo la sal marina y el azúcar en una Tarrora. Lave su frasco de vidrio con agua jabonosa caliente y enjuáguelo bien para eliminar los residuos de jabón.
b) Ponga las especias en el fondo del frasco, luego agregue las verduras, terminando con las rodajas de limón encima. Vierta la salmuera hasta que todo esté completamente sumergido. Cubra con una hoja de repollo grande o una bolsa Ziploc llena con salmuera adicional para mantener todo debajo de la salmuera.
c) Cierre el frasco sin apretarlo y déjelo en un lugar fresco y fuera de la luz solar directa durante 7 a 12 días. ¡Tiendo a poner el mío en el garaje ya que el pong sulfuroso puede ser bastante abrumador y puede recibir quejas de miembros de la familia!
d) Pruébelos después de 7 días y, si están lo suficientemente ácidos para usted, transfiéralos a la nevera donde se mantendrán durante unos 6 meses.
e) Si no está lo suficientemente amargo, déjelos otros 4 o 5 días.
f) Mantenga cualquier exceso de salmuera y utilícelo en aderezos para ensaladas, ¡está repleto de probióticos!

POSTRE DE TARRO DE ALBAÑIL

70. Bagatelas de huevo Cadbury

Hace: 4

INGREDIENTES:
- Caja de 3.4 onzas de pudín de vainilla
- 1 taza de leche fría
- 1 lata de leche condensada azucarada
- Tina de 8 onzas Cool Whip, cantidad dividida
- 2 tazas de chispas de chocolate con leche
- 1 taza de crema espesa
- 3 tazas de Oreo picadas
- Huevos con crema Cadbury, para decorar

INSTRUCCIONES:
HACER PUDÍN:
d) En un tazón grande, mezcle la mezcla de budín, la leche y la leche condensada azucarada. Deje reposar durante 5 minutos, revolviendo con frecuencia, hasta que la mezcla se haya espesado.
HACER GANACHE:
e) En una cacerola pequeña a fuego medio, lleve la crema espesa a fuego lento. Agregue chispas de chocolate con leche a un tazón mediano, luego vierta crema espesa caliente encima. Deje reposar durante 3 minutos, luego bata hasta que el chocolate se haya derretido y la mezcla esté suave. DeTarro enfriar a temperatura ambiente.
ENSAMBLAJE DE LAS BARATAS:
f) Agregue una capa uniforme de galletas Oreo picadas en el fondo de 4 tarros grandes. Cubra con una capa uniforme de mezcla de pudín, extienda ganache de chocolate con leche sobre el pudín y luego coloque Cool Whip encima. Repita para hacer otra capa de cada ingrediente.
g) Refrigere hasta que esté listo para servir.

71. Parfait crudo con leche de espirulina

Hace: 1

INGREDIENTES:
SECO
- ½ taza de avena
- 1 cucharada de manzana, seca
- 1 cucharada de almendras, activadas
- 1 cucharada de nibs de cacao dulce
- 1 cucharada de albaricoques, secos, finamente picados
- ½ cucharaditas de vainilla en polvo
- 1 cucharada de maca en polvo

LÍQUIDO
- 1 taza, leche de marañón
- 1 cucharada de espirulina en polvo
- 2 cucharadas de semillas de calabaza, molidas

INSTRUCCIONES:
a) En un tarro de albañil, agregue y cubra la avena, las manzanas, las almendras y los albaricoques y cubra con semillas de cacao.
b) Luego coloque la leche de anacardo, la espirulina y las semillas de calabaza en una licuadora y pulse a velocidad alta durante un minuto.
c) Vierta la leche terminada sobre los ingredientes secos y disfrute.

72. Avena para tarta de queso con arándanos y limón

INGREDIENTES:
- ¼ taza de yogur griego sin grasa
- 2 cucharadas de yogur de arándanos
- ¼ taza de arándanos
- 1 cucharadita de ralladura de limón
- 1 cucharadita de miel

INSTRUCCIONES:
a) Combine la avena y la leche en un tarro de albañil de 16 onzas; Cubra con los ingredientes deseados.
b) Refrigere durante la noche o hasta 3 días; servir frío.

73. Pudín de lino y lima

Hace: 1 porción

INGREDIENTES:
- 1 ¼ tazas de leche al 2%
- 1 taza de yogur griego natural al 2%
- ½ taza de semillas de lino
- 2 cucharadas de miel
- 2 cucharadas de azúcar
- 2 cucharaditas de ralladura de limón
- 2 cucharadas de jugo de lima recién exprimido
- 1 cucharadita de extracto de vainilla
- 1 taza de fresas y arándanos picados
- ½ taza de mango en cubitos y ½ taza de kiwi en cubitos

INSTRUCCIONES:
a) En un tazón grande, mezcle la leche, el yogur, las semillas de lino, la miel, el azúcar, la ralladura de limón, el jugo de limón, la vainilla y la sal hasta que estén bien combinados.
b) Divida la mezcla de manera uniforme en cuatro tarros de albañil.
c) Cubra y refrigere durante la noche, o hasta por 5 días.
d) Sirva frío, cubierto con fresas, mango, kiwi y arándanos.

74. Tarta de Quesos individuales de lima

INGREDIENTES

para la corteza
- 1 1/4 tazas (125 g) de galletas de mantequilla sin gluten molidas (como las de la marca Pamela)
- 1 1/2 cucharaditas de azúcar moreno
- 2 cucharadas (28 g) de mantequilla sin sal, derretida Una pizca de sal

para la tarta de queso
- 8 onzas (227 g) de queso crema, a temperatura ambiente
- 1 cucharada (8 g) de maicena
- 1/3 taza (65 g) de azúcar granulada
- Una pizca de sal
- 1 cucharada (15 ml) de jugo de lima Key
- 1/4 taza (60 g) de crema agria, a temperatura ambiente
- 1 cucharadita de extracto de vainilla sin gluten
- 1 cucharada (6 g) de ralladura de lima Key, finamente rallada, y más para decorar
- 1 huevo grande, a temperatura ambiente 1 1/2 tazas (355 ml) de agua Crema batida, para decorar

Corteza

a) Rocíe ligeramente el interior de seis tarros de cristal de 4 onzas (115 g) con spray antiadherente para cocinar.
b) En un tazón pequeño, mezcle las galletas trituradas, el azúcar morena, la mantequilla y la sal. Divida la mezcla de galletas de manera uniforme entre los tarros de albañil. Presione suavemente la corteza de la galleta contra el fondo de los vasos.

Tarta de queso

c) En un tazón mediano, bata el queso crema con una batidora de mano a baja velocidad, hasta que quede suave. En un tazón pequeño, combine la maicena, el azúcar granulada y la sal. Agregue la mezcla de azúcar al queso crema y bata hasta que se incorpore. Raspe los lados del tazón con una espátula.

d) Agregue el jugo de limón, la crema agria, la vainilla y la ralladura de limón a la mezcla de queso crema. Batir hasta que se junte. Agrega el huevo; revuelva hasta que se combinen. No haga sobre mezcla.
e) Divida la masa de tarta de queso en partes iguales entre los frascos. Golpee ligeramente los frascos contra el mostrador para liberar las burbujas de aire grandes.
f) Agregue el agua al fondo de la olla interior. Coloque un salvamanteles dentro de la olla. Coloque los frascos llenos en el salvamanteles, teniendo cuidado de que los lados de los frascos no se toquen entre sí ni con los lados de la olla. Debería poder colocar cinco alrededor de los bordes y tener espacio para un frasco en el medio. Coloque ligeramente un trozo grande de papel de aluminio sobre todos los frascos.
g) Cierre y bloquee la tapa, asegurándose de que la perilla de liberación de vapor esté en la posición de sellado. Cocine a alta presión durante 4 minutos. Cuando finalice el tiempo de cocción, permita una liberación natural durante 10 minutos, luego mueva la perilla a la posición de ventilación y libere el vapor restante. Cuando el pasador del flotador caiga, desbloquee la tapa y ábrala con cuidado. Presione Cancelar.
h) Retire el papel aluminio y absorba cualquier condensación en la superficie de las tartas de queso secando suavemente con una toalla de papel. Deje que los pasteles de queso se enfríen dentro de la olla durante 30 minutos, luego retírelos a una rejilla para enfriar y déjelos enfriar hasta que alcancen la temperatura ambiente. Cubra los pasteles de queso con una envoltura de plástico y colóquelos en el refrigerador durante al menos 6 a 8 horas, preferiblemente durante la noche.
i) Sirva adornado con crema batida y ralladura de lima adicional.

Rinde: 6 Tarta de Quesos individuales

75. Cuajada de coco y frambuesa

Porciones 4

Ingredientes

- 4 onzas de aceite de coco, suavizado
- 3/4 taza de viraje
- 4 yemas de huevo batidas
- 1/2 taza de arándanos
- 1 cucharadita de ralladura de limón
- 1/2 cucharadita de extracto de vainilla
- 1/2 cucharadita de anís estrellado, molido

Direcciones

1. Mezcle el aceite de coco y Swerve en un procesador de alimentos.
2. Incorpore gradualmente los huevos; Continúe licuando durante 1 minuto más.
3. Ahora, agregue los arándanos, la ralladura de limón, la vainilla y el anís estrellado. Divida la mezcla entre cuatro tarros Albañil y cúbralos con tapas.
4. Agregue 1 ½ tazas de agua y una rejilla de metal a la olla instantánea. Ahora, baje sus frascos sobre el estante.
5. Asegure la tapa. Elija el modo "Manual" y Alta presión; cocina por 15 minutos. Una vez que se complete la cocción, use un liberador de presión natural; Retire con cuidado la tapa. Atender
6. Coloque en su refrigerador hasta que esté listo para servir.

¡Buen provecho!

76. Crema con Almendra y Chocolate

Porciones 4

Ingredientes
- 2 tazas de crema batida espesa
- 1/2 taza de agua
- 4 huevos
- 1/3 taza de viraje
- 1 cucharadita de extracto de almendras
- 1 cucharadita de extracto de vainilla
- 1/3 taza de almendras, molidas
- 2 cucharadas de aceite de coco, temperatura ambiente
- 4 cucharadas de cacao en polvo
- 2 cucharadas de gelatina

Direcciones
1. Comience agregando 1 ½ tazas de agua y una rejilla de metal a su Instant Pot.
2. Mezcla la nata, el agua, los huevos, el Swerve, el extracto de almendras, el extracto de vainilla y las almendras en tu procesador de alimentos.
3. Agregue los ingredientes restantes y procese por un minuto más.
4. Divida la mezcla entre cuatro tarros Albañil; cubre tus frascos con tapas. Baje los frascos sobre la rejilla.
5. Asegure la tapa. Elija el modo "Manual" y Alta presión; cocina por 7 minutos. Una vez que se complete la cocción, use un liberador de presión natural; Retire con cuidado la tapa. ¡Buen provecho!

77. Natillas Navideñas Clásicas

Tiempo de preparación: 20 minutos + tiempo de enfriamiento
Porciones 4
Valores nutricionales por porción: 201 calorías; 17,7 g de grasa; 6,2 g de carbohidratos totales; 4,2 g de proteína; 1,2 g de azúcares

Ingredientes
- 5 yemas de huevo
- 1/3 taza de leche de coco, sin azúcar
- 1/2 cucharadita de extracto de vainilla
- 1 cucharadita de polvo de fruta de monje
- 1 cucharada de saborizante de caramelo
- 1/2 barra de mantequilla, derretida

Direcciones
1. Mezcle las yemas de huevo con leche de coco, extracto de vainilla, polvo de fruta de monje y saborizante de caramelo.
2. Luego, agregue la mantequilla; revuelve hasta que todo esté bien incorporado. Divida la mezcla entre cuatro tarros Albañil y cúbralos con tapas.
3. Agregue 1 ½ tazas de agua y una rejilla de metal a la olla instantánea. Ahora, baje sus frascos sobre el estante.
4. Asegure la tapa. Elija el modo "Manual" y Baja presión; cocina por 15 minutos. Una vez que se complete la cocción, use un liberador de presión natural; Retire con cuidado la tapa. Atender
5. Coloque en su refrigerador hasta que esté listo para servir.
¡Buen provecho!

78. Crema de chocolate

Tiempo de Preparación: 25 MIN
Porción: 4
Ingredientes:
- 2 crema espesa
- ¼ taza de chocolate negro sin azúcar, picado
- 3 huevos
- 1 cucharadita de ralladura de naranja
- 1 cucharadita de stevia en polvo
- 1 cucharadita de extracto de vainilla
- ½ cucharadita de sal

Direcciones:
1. Conecte su olla instantánea y presione el botón 'Saltear'. Agregue la crema espesa, el chocolate picado, la stevia en polvo, el extracto de vainilla, la ralladura de naranja y la sal. Revuelva bien y cocine a fuego lento hasta que el chocolate se haya derretido por completo. Presione el botón 'Cancelar' y rompa los huevos, uno a la vez, revolviendo constantemente. Retire de la olla instantánea.
2. Transfiere la mezcla a 4 tarros de albañil con las tapas flojas.
3. Vierta 2 tazas de agua en su olla instantánea y coloque el salvamanteles en el inserto de acero inoxidable. Agregue los frascos y selle la tapa.
4. Ajuste la manija de liberación de vapor y presione el botón 'Manual'. Ajuste el temporizador a 10 minutos.
5. Cuando haya terminado, realice una liberación rápida moviendo la válvula de vapor a la posición de 'Ventilación'.
6. Abra la tapa y retire los frascos. Enfríe a temperatura ambiente y luego transfiéralo al refrigerador.
7. Cubra con un poco de crema batida antes de servir.

79. Tzatziki

Hace alrededor de 1½ a 2 tazas
Ingredientes:
- 1 taza de anacardos crudos sin sal
- ½ taza de agua filtrada
- 1 cápsula de probiótico o ¼ de cucharadita de polvo de probiótico
- Jugo de 1 limón
- 1 diente de ajo picado
- 2 cucharadas de cebolla picada
- 1 cucharadita de sal marina sin refinar
- Una pieza de 3 pulgadas de un pepino mediano

a) En un tazón de vidrio pequeño a mediano, combine los anacardos y el agua. Vacíe el contenido de la cápsula probiótica (descartando la cubierta de la cápsula vacía) o el polvo probiótico en la mezcla de marañón y revuelva para combinar. Cubrir y reservar durante veinticuatro horas.

b) En una licuadora, combine la mezcla de marañón con el jugo de limón, el ajo, la cebolla y la sal, y mezcle hasta que quede suave y cremoso; devuelve la mezcla al bol. Ralle el pepino, agréguelo a la mezcla de anacardos y revuelva hasta que se mezclen. Guarde, tapado, en el refrigerador hasta por tres días.

c) Cuando esté listo para servir, decore con rodajas de pepino y/o rodajas, si lo desea.

80. Dip cremoso de cebolla francesa

Hace alrededor de 2½ tazas

Ingredientes:
- 2 tazas de anacardos crudos sin sal
- 1½ tazas de agua filtrada
- 2 cápsulas de probióticos o ½ cucharadita de polvo de probióticos
- Jugo de ½ limón
- 2 cucharadas de cebolla verde picada
- 2 cucharadas de perejil fresco picado
- Aproximadamente 1 cucharadita de sal marina sin refinar, o al gusto
- Cebollino o cebolla tierna para decorar (opcional)

Direcciones:

a) En un tazón de vidrio pequeño a mediano, combine los anacardos y el agua.
b) Vacíe el contenido de las cápsulas de probióticos (descartando las cubiertas de las cápsulas vacías) o el polvo de probióticos en los anacardos y revuelva para mezclar.
c) Cubra y deje que la mezcla se cultive durante veinticuatro a cuarenta y ocho horas.
d) Cuando esté listo para servir, adorne con cebollines o cebolletas, si lo desea.

81. Ensalada Verde Con Duraznos Y Chèvre

Sirve de 2 a 4
Ingredientes:
Ensalada
- 1 paquete pequeño de verduras mixtas
- 2 a 3 duraznos frescos, sin hueso y cortados por la mitad
- 1 cucharada de aceite de oliva virgen extra
- Chevre redondo de 1 pulgada

Vendaje
- ¾ taza de aceite de oliva virgen extra
- ⅓ taza de vinagre de sidra de manzana
- ½ cucharadita de sal marina sin refinar
- ½ cucharadita de albahaca seca
- ½ cucharadita de tomillo seco
- 1 cucharadita de Tarroabe de arce puro o néctar de agave

Precaliente su barbacoa de 300 a 350 ºF, o caliente una parrilla de hierro fundido en la estufa a fuego bajo o medio.

Lave y seque las verduras mesclun y colóquelas en un tazón grande; deTarro de lado.

Cepille las mitades de durazno con aceite de oliva y colóquelas con la parte plana hacia abajo en la parrilla o parrilla. Ase a la parrilla durante unos 3 minutos, o hasta que los duraznos estén suaves pero no blandos. Retire los duraznos de la parrilla, apague el fuego y reserve.

Cortar el Chèvre en discos y reservar.

En una licuadora, combine todos los ingredientes del aderezo y mezcle hasta que quede suave. Vierta la cantidad deseada de aderezo sobre las verduras mixtas y mezcle la ensalada hasta que esté bien cubierta. Guarde cualquier aderezo sobrante en un frasco tapado hasta por una semana.

Cubra la ensalada con los discos de Chèvre y las mitades de melocotón a la parrilla, y sirva en tazones grandes o en platos.

82. Queso Crema De Coco

Ingredientes:
- Una lata de leche de coco de 13.5 onzas
- 1 cápsula de probiótico o ¼ de cucharadita de polvo de probiótico
- 1 a 2 cucharaditas de Tarroabe de arce puro
- 1 cucharadita de vainilla en polvo o extracto puro de vainilla
- 1 cucharadita de ralladura de limón (opcional)

Direcciones:

a) Abre la lata de leche de coco. Si la crema de coco y el agua ya se han separado, saque la crema espesa en un tazón pequeño.

b) Si no se ha separado, en un tazón pequeño simplemente mezcle la crema de coco y el agua de coco hasta que quede suave.

c) Agregue el contenido de la cápsula probiótica (descartando la cubierta de la cápsula vacía) o el polvo probiótico y mezcle.

d) Cúbralo con una tapa o un paño y déjelo reposar sin tocar durante ocho a diez horas en un ambiente cálido (aproximadamente 110 a 115 ºF o 43 a 46 ºC, pero no se preocupe si no está dentro de ese rango).

e) Después de que se haya cultivado, refrigere durante al menos una o dos horas. Si la crema de coco y el agua se han separado, saque la crema de coco espesa para usarla.

f) Agregue el Tarroabe de arce, el polvo o extracto de vainilla y la ralladura de limón si lo desea. Revuelva hasta que quede suave. Úselo inmediatamente como glaseado para pasteles, magdalenas u otros productos horneados.

g) Dura alrededor de una semana, tapado, en la nevera.

83. Crêpes de Pera con Queso de Macadamia

Rinde 8 crêpes grandes

Ingredientes:

Crepes

- 2 cucharadas de aceite de oliva, y más para engrasar la sartén
- 1½ tazas de harina sin gluten para todo uso (yo uso harina sin xantana de Bob's Red Mill)
- 1½ tazas de leche de almendras
- 2 cucharadas de linaza finamente molida batidas en 6 cucharadas de agua
- 1 cucharadita de bicarbonato de sodio
- Una pizca de sal marina sin refinar
- Cobertura de pera y cardamomo
- 4 peras medianas, sin corazón y rebanadas
- Una pizca de cardamomo molido
- ½ taza de agua filtrada, dividida
- 2 cucharadas de azúcar de caña orgánica
- 1 cucharada de harina de tapioca

Cobertura De Queso Crema

- Queso Crema De Macadamia

a) Para la masa de crepas, en un tazón grande combine las 2 cucharadas de aceite, la harina, la leche de almendras, la mezcla de linaza y agua, el bicarbonato de sodio y la sal; batir juntos.
b) En una sartén grande a fuego medio, agregue suficiente aceite para engrasar todo el fondo de la sartén y vierta suficiente masa para crepes para cubrir la sartén. Cocine por aproximadamente 1 minuto o hasta que desaparezcan las burbujas y voltee. Repita con la masa restante hasta que se agote toda la masa.
c) Para la cobertura, en una sartén mediana a fuego bajo a medio, agregue las peras, el cardamomo y ¼ de taza de agua. Cocine por aproximadamente 5 minutos o hasta que las peras estén ligeramente blandas. En un tazón pequeño de vidrio, combine el ¼ de taza restante de agua, azúcar y tapioca hasta que estén bien mezclados.
d) Agregue la mezcla de azúcar y tapioca a las peras, revolviendo constantemente. Deje cocinar por otro minuto o hasta que la salsa se haya espesado.
e) Cubra cada crêpe con ⅛ de la mezcla de pera y ⅛ del queso crema de macadamia. Servir inmediatamente.

84. Sándwiches de helado de galleta de jengibre

Rinde alrededor de 24 galletas o 12 sándwiches de helado
Ingredientes:
- ½ taza de aceite de coco
- ½ taza de azúcar de coco
- ¼ taza de melaza
- 1 cucharada de linaza finamente molida batida en 3 cucharadas de agua
- 1 taza de harina de arroz integral
- 1 taza de harina de mijo
- 1½ cucharaditas de bicarbonato de sodio
- 2 cucharaditas de jengibre molido
- 1 cucharadita de canela molida
- ¼ de cucharadita de nuez moscada molida
- Helado de Vainilla Cultivada

a) Precaliente su horno a 350ºF.
b) En una batidora, combine el aceite y el azúcar, y comience a mezclar. Mientras todavía se están mezclando, agregue la melaza, la mezcla de linaza y agua, la harina de arroz integral, la harina de mijo, el bicarbonato de sodio, el jengibre, la canela y la nuez moscada, y continúe mezclando hasta que la mezcla forme una masa suave y flexible.
c) Forme la masa en bolas de aproximadamente 1½ pulgadas de diámetro, o del tamaño de una nuez. Presiónalas firmemente con la palma de tu mano sobre una bandeja para hornear forrada con pergamino para formar discos de 2 pulgadas, dejando espacio entre las galletas para que se extiendan. Hornea por 8 minutos o hasta que estén firmes pero no duros. DeTarro enfriar sobre rejillas de alambre.
d) Una vez que las galletas de jengibre se hayan enfriado, vierta el helado de vainilla cultivado sobre una de las galletas y presione otra galleta sobre ella para formar un sándwich. Repita para las galletas restantes. Congelar o servir inmediatamente. Si los congela, deje reposar los sándwiches de helado a temperatura ambiente durante unos 10 minutos antes de servirlos.

85. Helado de Vainilla Cultivada

Ingredientes:
- 1 taza de anacardos crudos sin sal
- 2 tazas de leche de almendras
- 1 cápsula de probiótico o ¼ de cucharadita de polvo de probiótico
- 5 dátiles Medjool grandes y frescos, sin hueso
- 1 cucharadita de vainilla en polvo

Direcciones:

a) En un tazón pequeño, combine los anacardos y 1 taza de leche; agregue el contenido de la cápsula de probiótico (deseche la cubierta de la cápsula vacía) o el polvo de probiótico y mezcle bien.

b) Cubra y deje reposar de ocho a doce horas, según su preferencia de sabor; los tiempos de fermentación más largos crean un sabor más fuerte.

c) En una licuadora, combine la mezcla de anacardos, dátiles y vainilla en polvo, y mezcle hasta que quede suave. Vierta en una máquina de helados y siga las instrucciones del fabricante para procesar el helado (generalmente de 20 a 25 minutos).

86. Helado de Pastel de Calabaza

Rinde alrededor de 1 cuarto de galón/litro.

Ingredientes:
- ½ taza de anacardos crudos sin sal
- ¼ taza de agua filtrada
- 2 cápsulas de probióticos o ½ cucharadita de polvo de probióticos
- 2 tazas de leche de almendras
- 2 tazas de calabaza cocida
- 7 dátiles Medjool frescos, sin hueso
- 1½ cucharaditas de canela molida
- ½ cucharadita de jengibre molido
- ½ cucharadita de clavo molido
- ⅛ cucharadita de nuez moscada

Direcciones:

a) En un tazón pequeño, mezcle los anacardos y el agua; agregue el contenido de la cápsula de probiótico (deseche la cubierta de la cápsula vacía) o el polvo de probiótico y mezcle bien. Cubrir y deTarro reposar durante doce horas.

b) En una licuadora, combine la mezcla de marañón con la leche, la calabaza, los dátiles, la canela, el jengibre. clavo de olor y nuez moscada, y mezcle hasta que la mezcla esté suave. Viértalo en una máquina para hacer helados y siga las instrucciones del fabricante. Servir inmediatamente.

87. Helado de cereza negra

Rinde alrededor de 1 cuarto de galón/litro.

Ingredientes:
- 1 taza de anacardos crudos sin sal
- 1 taza de agua filtrada
- 1 cápsula de probiótico o ¼ de cucharadita de polvo de probiótico
- 2 tazas de cerezas negras frescas, sin hueso y sin tallos (si usa cerezas congeladas, deje que se descongelen antes de usar), y algunas más para decorar (opcional)
- 1¼ taza de leche de almendras
- 4 dátiles medjool frescos, sin hueso

Direcciones:
a) En un tazón mediano, remoje los anacardos en el agua durante ocho horas o toda la noche.
b) Vierta los anacardos y el agua en una licuadora, y mezcle hasta que la mezcla esté suave y cremosa. Viértalo en un plato pequeño de vidrio con tapa. Vacíe la cápsula de probiótico (descartando la cubierta de la cápsula vacía) o el polvo de probiótico en la mezcla de marañón y mezcle. Cúbralo con una tapa o un paño limpio y déjelo fermentar de ocho a doce horas.
c) En una licuadora o procesador de alimentos, combine la mezcla de anacardos con las cerezas, la leche y los dátiles, y mezcle hasta que quede suave. Vierta la mezcla en una máquina para hacer helados y siga las instrucciones del fabricante para procesar el helado. Adorne con cerezas adicionales si lo desea y sirva de inmediato.

88. Pastel de queso con crema de naranja

Hace un pastel de queso de 12 pulgadas
Ingredientes:
Corteza
- 1 taza de almendras crudas sin sal
- 3 dátiles Medjool frescos, sin hueso
- 1 cucharada de aceite de coco
- Una pizca de sal marina sin refinar

Relleno
- 2 tazas de anacardos crudos sin sal
- 1 taza de agua filtrada
- 1 cápsula de probiótico o ¼ de cucharadita de polvo de probiótico
- 3 tazas de jugo de naranja
- 2 cucharadas de Tarroabe de arce puro
- 1 cucharadita de vainilla en polvo
- 1 taza de aceite de coco
- ¼ de taza más 1 cucharada de lecitina (5 cucharadas)
- Rodajas finas de naranja, con cáscara, para decorar (opcional)

Direcciones:

a) Para la corteza, en un procesador de alimentos, combine todos los ingredientes de la corteza y mezcle hasta que estén finamente picados. Transfiera a un molde desmontable de 12 pulgadas y presione sobre la superficie inferior del molde hasta que esté firme.

b) Para el relleno, en un tazón mediano, combine los anacardos, el agua y el contenido de la cápsula de probiótico (deseche la cubierta de la cápsula vacía) o el polvo de probiótico; revuelva hasta que esté combinado. Cubrir con una tapa o paño limpio y deTarro reposar de doce a veinticuatro horas para el cultivo.

c) En una licuadora, combine la mezcla de anacardos con el jugo de naranja, el Tarroabe de arce, el polvo de vainilla, el aceite y la lecitina, y mezcle hasta que quede suave.

d) Vierta la mezcla sobre la corteza. Refrigere de cuatro a seis horas, o hasta que cuaje. Adorne con rodajas de naranja si lo desea y sirva. El Tarta de Queso dura aproximadamente cuatro días en el frigorífico en un recipiente tapado.

89. Tarta de Queso de granada

Hace un pastel de queso de 12 pulgadas
Ingredientes:
Corteza
- 1 taza de avellanas crudas sin sal
- 4 dátiles Medjool frescos, sin hueso
- 1 cucharada de aceite de coco
- Una pizca de sal marina sin refinar

Relleno
- 2 tazas de anacardos crudos sin sal
- 1 taza de agua filtrada
- 1 cápsula de probiótico o ¼ de cucharadita de polvo de probiótico
- 3 tazas de jugo de granada
- 2 cucharadas de Tarroabe de arce puro o néctar de agave
- 1 cucharadita de vainilla en polvo
- 1 taza de aceite de coco
- ¼ de taza más 2 cucharadas de lecitina (6 cucharadas)
- Arilos de granada fresca (semillas) para decorar (opcional)

Direcciones:

a) Para la corteza, en un procesador de alimentos, combine todos los ingredientes de la corteza y mezcle hasta que estén finamente picados. Transfiera a un molde desmontable de 12 pulgadas y presione sobre la superficie inferior del molde hasta que esté firme.

b) Para el relleno, en un tazón mediano, combine los anacardos, el agua y el contenido de la cápsula de probiótico (deseche la cubierta de la cápsula vacía) o el polvo de probiótico. Revuelve la mezcla hasta que se combine. Cubrir con una tapa o paño limpio y deTarro reposar de doce a veinticuatro horas para el cultivo.

c) En una licuadora, combine la mezcla de anacardos con el jugo de granada, el Tarroabe de arce o el néctar de agave, la vainilla en polvo, el aceite y la lecitina, y mezcle hasta que quede suave.

d) Vierta la mezcla sobre la corteza. Refrigere de cuatro a seis horas, o hasta que cuaje. Cubra con arilos de granada fresca si lo desea. Atender.

e) El Tarta de Queso dura aproximadamente cuatro días en el frigorífico en un recipiente tapado.

90. Tarta de queso con moras

Hace un pastel de queso de 12 pulgadas

Ingredientes:

Corteza
- 1 taza de almendras crudas sin sal
- 3 dátiles Medjool frescos, sin hueso
- 1 cucharada de aceite de coco
- Una pizca de sal marina sin refinar

Relleno
- 2 tazas de anacardos crudos sin sal
- 1 taza de agua filtrada
- 1 cápsula de probiótico o ¼ de cucharadita de polvo de probiótico
- ¼ de taza más 1 cucharada de Tarroabe de arce puro (5 cucharadas)
- 1 cucharadita de vainilla en polvo
- ½ taza de aceite de coco
- ½ taza de lecitina
- 2 tazas de leche de almendras

Direcciones:

a) 2½ tazas de moras frescas (si las usa congeladas, déjelas descongelar antes de hacer la tarta de queso), y más para decorar.
b) Para la corteza, en un procesador de alimentos, combine todos los ingredientes de la corteza y mezcle hasta que estén finamente picados. Transfiera a un molde desmontable de 12 pulgadas y presione sobre la superficie inferior del molde hasta que esté firme.
c) Para el relleno, en un tazón mediano, combine los anacardos, el agua y el contenido de la cápsula de probiótico (deseche la cubierta de la cápsula vacía) o el polvo de probiótico; revuelve la mezcla hasta que se combine. Cubrir con una tapa o paño limpio y deTarro reposar de veinticuatro a cuarenta y ocho horas para el cultivo.
d) En una licuadora, combine la mezcla de anacardos con el Tarroabe de arce, el polvo de vainilla, el aceite, la lecitina y la leche, y mezcle hasta que quede suave. Agregue las moras y mezcle hasta que quede suave.
e) Vierta la mezcla sobre la corteza. Refrigere de cuatro a seis horas, o hasta que cuaje. Adorne con moras adicionales, si lo desea, y sirva. El Tarta de Queso dura aproximadamente cuatro días en el frigorífico en un recipiente tapado.

91. Dulces Melocotones De Vainilla

Hace alrededor de 5 tazas

Ingredientes:
- 5 duraznos medianos, sin hueso y picados en trozos grandes (alrededor de 5 tazas picadas)
- ½ cucharadita de vainilla en polvo
- ½ cucharadita de cardamomo en polvo (opcional)
- 1 cucharada de Tarroabe de arce puro
- 2 cucharadas de suero

Direcciones:
a) En un tazón grande, combine todos los ingredientes y mezcle bien. Saque la mezcla en un tarro de albañil de 1 cuarto, cubra y deje reposar durante doce horas.
b) Refrigere, donde se debe mantener durante cuatro días.

BEBIDAS EN TARRORAS DE ALBAÑIL

92. Enfriador de limón y pepino

PORCIONES 2 bebidas

Ingredientes
- Hielo picado
- 1 pepino Kirby pequeño
- ½ limón pequeño
- 2 cucharaditas de azúcar
- 1/2 cucharaditas de jengibre recién rallado
- agua mineral
- Zubrowka Vodka de hierba de bisonte

Direcciones

a) Llene ambos tarros con hielo picado hasta el 34 % de su capacidad. El pepino se debe cortar en rodajas finas. Divide la mezcla entre los dos tarros de albañil. A cada tarro de albañil, agregue 1 cucharadita de azúcar.

b) Exprima medio limón en cada uno de los dos tarros de albañil. Para usar como guarnición, corte dos círculos de la mitad restante del limón.
A cada tarro de albañil, vierta 1.5 onzas de Zubrowka. Antes de verter el agua con gas, agregue un cuarto de cucharadita de jengibre a cada taza. Llene el vaso hasta la mitad con agua mineral. ¡Disfrútalo con una rodaja de limón como guarnición!

93. Kéfir Vegano

Rinde alrededor de 1 cuarto de galón/litro.

Ingredientes:
- 1 cuarto (o litro) de agua filtrada
- ½ taza de anacardos crudos sin sal
- 1 cucharadita de azúcar de coco, Tarroabe de arce puro o néctar de agave
- 1 cucharada de granos de kéfir
- Secciones de mandarina para decorar (opcional)

Direcciones:
a) En una licuadora, mezcle el agua, los anacardos y el azúcar de coco (o el Tarroabe de arce o el néctar de agave) hasta que quede suave y cremoso.
b) Vierta la leche de marañón en un frasco de vidrio de 1½ a 2 cuartos, asegurándose de que esté lleno a menos de 2/3. Agregue los granos de kéfir, revuelva y coloque la tapa en el frasco.
c) Deje el frasco a temperatura ambiente durante veinticuatro a cuarenta y ocho horas, agitándolo suavemente periódicamente. La leche de marañón se volverá algo burbujeante, luego comenzará a coagularse y separarse; simplemente agítelo para volver a mezclar el kéfir, o saque la cuajada más espesa y utilícela como si fuera queso blando o crema agria.
d) Refrigere hasta por una semana. Cuando esté listo para servir el kéfir, viértalo en un vaso y adorne el borde del vaso con rodajas de mandarina, si lo desea.

94. Té Negro Kombucha

Rinde alrededor de 3½ cuartos/litros

Ingredientes:
- 4 cuartos (o litros) de agua filtrada
- 1 taza de azúcar sin refinar
- 4 bolsitas de té negro o 4 cucharaditas colmadas de té de hojas sueltas
- 1 cultivo iniciador de kombucha

Direcciones:

a) En una olla grande de acero inoxidable, hierva el agua, agregue el azúcar y revuelva hasta que el azúcar se disuelva por completo.

b) Agregue las bolsitas de té negro o el té suelto y hierva durante 10 minutos más para eliminar cualquier microbio no deseado que pueda estar presente en las bolsitas de té.

c) Apaga el fuego y deja reposar el té durante 15 minutos; Retire las bolsitas de té.

d) Permita que el té se enfríe a temperatura ambiente o temperatura ligeramente tibia; no debe estar a más de 70 ºF o 21 ºC para garantizar que el cultivo de kombucha no se dañe.

e) Vierta el té remojado en una vasija de cerámica grande o en una Tarrora de agua de vidrio de boca ancha, como las que se usan para hacer té helado.

f) Agregue al té el cultivo iniciador de kombucha junto con cualquier té que haya venido.

g) Cubra la parte superior de la vasija o Tarrora con un trozo de lino o algodón limpio (evite usar gasa, ya que es demasiado porosa) y coloque una banda elástica alrededor del borde para mantener la tela en su lugar; como alternativa, puede usar cinta adhesiva alrededor del borde para sujetar el paño en su lugar y asegurarse de que no caiga en la vasija o la Tarrora.

h) Coloque la vasija o Tarrora en un lugar tranquilo con ventilación de aire, en un área cálida pero no iluminada por el sol, donde no sea molestada.

i) El rango ideal de temperatura de fermentación es de 73 a 82ºF, o de 23 a 28ºC. Una vez que hayas encontrado un lugar para colocarlo, no muevas la vasija ni la Tarrora mientras la kombucha esté fermentando, ya que puede interferir con el proceso de cultivo.
j) Espera de cinco a seis días para cosechar tu kombucha. Primero, verifica el sabor: si es más dulce de lo que te gustaría, déjalo fermentar uno o dos días más. Si tiene un sabor avinagrado, es posible que deba embotellar lotes futuros después de fermentar un período de tiempo más corto; todavía está bien para beber, pero es posible que deba diluirlo con agua cuando lo beba para evitar irritar la garganta o el estómago.
k) Vierta todas menos aproximadamente 2 tazas de su kombucha fermentada en un frasco de vidrio, un recipiente con tapa o varios frascos de vidrio resellables de una sola porción (las botellas de gaseosas antiguas con la tapa abatible funcionan bien), cubra y almacene en el refrigerador.

95. Kombucha de té rojo africano

Rinde alrededor de 3½ cuartos/litros

Ingredientes:
- 4 cuartos de agua filtrada
- 1 taza de azúcar de coco
- 4 cucharaditas de té de hojas sueltas de rooibos o 4 bolsitas de té de rooibos
- 1 cultivo iniciador de kombucha

Direcciones:

a) En una olla grande de acero inoxidable, hierva el agua, agregue el azúcar y revuelva hasta que el azúcar se disuelva por completo.

b) Agregue las bolsitas de té rooibos o el té suelto y hierva durante 10 minutos más para eliminar cualquier microbio no deseado que pueda estar presente en las bolsitas de té. Apaga el fuego y deja reposar el té durante 15 minutos; Retire las bolsitas de té.

c) Deje que el té se enfríe a temperatura ambiente o ligeramente tibio; no debe estar a más de 70 ºF o 21 ºC para garantizar que el cultivo de kombucha no se dañe.

d) Vierta el té remojado en una vasija de cerámica grande o en una Tarrora de agua de vidrio de boca ancha, a través de un tamiz de malla fina para eliminar las hojas sueltas de té (si se usa).

e) Agregue al té el cultivo iniciador de kombucha junto con cualquier té que haya venido. Cubra la parte superior de la vasija o Tarrora con un trozo de lino o algodón limpio (evite usar gasa, ya que es demasiado porosa) y coloque una banda elástica alrededor del borde para mantener la tela en su lugar; como alternativa, puede usar cinta adhesiva alrededor del borde para sujetar el paño en su lugar y asegurarse de que no caiga en la vasija o la Tarrora.

f) Coloque la vasija o Tarrora en un lugar tranquilo con ventilación de aire, en un área cálida pero no iluminada por el sol, donde no sea molestada. El rango ideal de temperatura de fermentación es de 73 a 82ºF, o de 23 a 28ºC. Una vez que hayas encontrado un lugar para colocarlo, no muevas la vasija ni la Tarrora mientras la kombucha esté fermentando, ya que puede interferir con el proceso de cultivo.

g) Espera de cinco a seis días para cosechar tu kombucha. Primero, verifica el sabor: si es más dulce de lo que te gustaría, déjalo fermentar uno o dos días más. Si tiene un sabor a vinagre, es posible que deba embotellar lotes futuros después de un período de tiempo más corto; todavía está bien para beber, pero es posible que deba diluirlo con agua cuando lo beba para evitar irritar la garganta o el estómago.

h) Vierta todas menos aproximadamente 2 tazas de su kombucha fermentada en un frasco de vidrio o recipiente con tapa, o varios frascos de vidrio resellables de una sola porción (las botellas de gaseosas tradicionales con la tapa abatible funcionan bien), cúbralo y guárdelo en el refrigerador.

i) Para aumentar su efervescencia, agregue una pizca de azúcar y espere otro día o dos para beberlo. Si lo guarda más de una semana, es posible que deba afloTarro la tapa del refrigerador para permitir que escapen los gases y evitar que el vidrio se rompa debido al exceso de presión que puede ocurrir durante períodos más prolongados.

96. Bloody Mary cultivada

Hace alrededor de 2 tazas

Ingredientes:
- 4 tomates medianos
- Jugo de ½ lima
- ⅓ taza de salmuera de kimchi, chucrut o pepinillos
- Una pizca de sal marina sin refinar
- Pimienta
- 1 tallo de apio (opcional, para decorar)

Direcciones:
a) En una licuadora, combine todos los ingredientes excepto el apio, y mezcle hasta que quede suave.
b) Vierta la mezcla en un plato de vidrio tapado y déjelo fermentar de dos a doce horas, según su preferencia; los tiempos de fermentación más largos dan como resultado una bebida más fuerte.
c) Adorne con apio si lo desea y sirva de inmediato.
d) Guarde las sobras en un frasco en el refrigerador hasta por tres días.

97. Peach té helado

INGREDIENTES:
- 4 bolsitas de té negro
- 8 tazas de agua
- 1/2 taza de Tarroabe de durazno
- 1/2 taza de miel de abeja
- Duraznos en rodajas (opcional)
- hojas de menta (opcional)

INSTRUCCIONES:
a) Prepara las bolsitas de té en 8 tazas de agua hirviendo durante 5 minutos.
b) Retire las bolsitas de té y agregue el Tarroabe de durazno y la miel hasta que se disuelva.
c) Deja que el té se enfríe a temperatura ambiente.
d) Llene los tarros Albañil con hielo y vierta el té sobre el hielo.
e) Agregue duraznos en rodajas y hojas de menta para decorar, si lo desea.
f) ¡Servir y disfrutar!

98. <u>Sandía Agua Fresca</u>

INGREDIENTES:
- 4 tazas de sandía picada
- 2 tazas de agua
- 1/4 taza de jugo de lima
- 1/4 taza de miel
- hojas de menta (opcional)

INSTRUCCIONES:
a) Agregue la sandía, el agua, el jugo de lima y la miel a una licuadora.
b) Mezclar hasta que esté suave.
c) Llena los tarros Albañil con hielo y vierte el agua fresca sobre el hielo.
d) Agregue hojas de menta para decorar, si lo desea.
e) ¡Servir y disfrutar!

99.   Limonada de arándanos

INGREDIENTES:
- 1 taza de arándanos
- 1/2 taza de jugo de limón
- 1/2 taza de miel de abeja
- 6 tazas de agua
- Rodajas de limón (opcional)
- arándanos (opcional)

INSTRUCCIONES:
a) Agregue los arándanos, el jugo de limón y la miel a una licuadora.
b) Mezclar hasta que esté suave.
c) Cuele la mezcla a través de un colador de malla fina.
d) Llene los tarros Albañil con hielo y vierta la limonada de arándanos sobre el hielo.
e) Agregue rodajas de limón y arándanos para decorar, si lo desea.
f) ¡Servir y disfrutar!

100. mango Lassi

INGREDIENTES:
- 1 taza de yogur natural
- 1 taza de mango fresco picado
- 1/4 taza de miel
- 1/4 taza de leche
- 1/4 cucharadita de cardamomo molido
- hojas de menta (opcional)

INSTRUCCIONES:
a) Agregue el yogur, el mango, la miel, la leche y el cardamomo a una licuadora.
b) Mezclar hasta que esté suave.
c) Llene los tarros Albañil con hielo y vierta el lassi de mango sobre el hielo.
d) Agregue hojas de menta para decorar, si lo desea.
e) ¡Servir y disfrutar!

CONCLUSIÓN

En conclusión, las comidas en tarro de albañil son una forma versátil y conveniente de disfrutar alimentos saludables y deliciosos en cualquier momento y en cualquier lugar. Al usar tarros para almacenar y servir alimentos, puede repartir fácilmente las comidas y los refrigerios y llevarlos con usted mientras viaja. Con infinitas posibilidades de recetas, las comidas en tarro de albañil son una solución perfecta para las personas ocupadas que desean comer sano sin sacrificar el sabor o la comodidad. Así que la próxima vez que busque una opción de preparación de comida rápida y fácil, intente preparar una comida en tarro de albañil y disfrute de los beneficios de esta tendencia innovadora.

www.ingramcontent.com/pod-product-compliance
Lightning Source LLC
Chambersburg PA
CBHW050020130526
44590CB00042B/1127